本書の特色と使い方

JN094451

現場の先生方から，1日15分程度でできる宿題プリントや，朝学習や補充学習にも使えるプリントがほしいという要望が，これまでにたくさん寄せられました。それらの先生方の要望に応え，各学年の教科書の単元にあわせて，1シート約15分〜20分でできるプリントを作成しました。算数，国語（文法），理科，社会科（または，生活科）の教科から子どもたちに習得して欲しい内容を精選して掲載しています。ぜひ，本書を活用して，基礎学力や学習習慣の定着をはかって頂ければと思います。

教科書内容の基礎学力が定着します

教科書の内容が十分に身につくよう，各社教科書を徹底研究して，各学年で習得してほしい基礎的な内容を各教科入れています。学校の授業だけではなかなか定着が難しいため，宿題，家庭学習は大変重要になってきます。本書に1年間取り組むことにより，どの子にも確実に豊かな基礎学力が定着します。

朝学習や補充学習，夏休みや冬休みの家庭学習としても使えます

毎日の宿題だけでなく，朝学習，補充学習，夏休み・冬休みの家庭学習など多様な使い方ができます。算数と理科，国語と社会など，左右異なる教科のシートを組み合わせたり，学校での学習進度に合わせて単元を入れ替えたりして，それぞれの場面に応じてご活用ください。

122%拡大してB5サイズまたは，B4サイズでご使用ください

本書は，122%拡大して使用していただくと，1ページ（A4サイズ）がB4サイズになります。B4サイズを半分に切ると，B5サイズで使えます。ぜひ拡大してご使用ください。

「算数」では，今，習っている単元と既習単元の復習ができます

「算数」では，各シートの下段に「復習」があり，前学年や，現学年での既習単元の計算問題や文章題，関連する問題を中心に掲載しています。（「復習」がないシートもあります。）
現在学習している内容だけでなく，既習内容に続けて取り組むことで，確実に力をつけることができます。
※ 教科書によって単元の順番が異なるため，ご使用の教科書によっては未習の場合もありますのでご注意ください。

目 次

ひらがな・カタカナ・視写

解　答

ひょうと グラフ (1)
名前

● まいさんの　クラスで，すきな　くだものを　しらべました。

すきな　くだもの

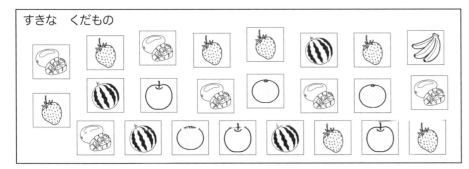

① 人数を　○を　つかって，下の　グラフに　あらわしましょう。

すきな　くだもの

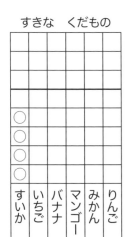

② グラフの　人数を，下の　ひょうに　書きましょう。

すきな　くだもの

くだもの	すいか	いちご	バナナ	マンゴー	みかん	りんご
人数(人)						

ふくしゅう

① 5 + 3　　② 6 + 2　　③ 3 + 4　　④ 3 + 3

⑤ 8 + 3　　⑥ 9 + 4　　⑦ 6 + 7　　⑧ 8 + 5

⑨ 7 + 8　　⑩ 9 + 9　　⑪ 7 + 4　　⑫ 9 + 8

ひょうと グラフ (2)
名前

● すきな　きゅう食を　しらべて，下の　グラフに　あらわしました。

すきな　きゅう食

	○			
	○			
○	○			
○	○	○		
○	○	○	○	
○	○	○	○	○
ハンバーグ	カレーライス	からあげ	ラーメン	うどん

① 左の　グラフを　見て，下の　ひょうに　人数を　書きましょう。

すきな　きゅう食

きゅう食	ハンバーグ	カレーライス	からあげ	ラーメン	うどん
人数(人)					

② すきな　人が　いちばん　多い　きゅう食は　何ですか。

（　　　　　　）

③ すきな　人の　数が　同じ　きゅう食は　何と　何ですか。

（　　　　　　）と（　　　　　　）

④ からあげが　すきな　人は　うどんが　すきな　人より　何人　多いですか。

（　　　　　　）

ふくしゅう

● ひろしさんは　どんぐりを　9こ　ひろいました。おとうとは　どんぐりを　3こ　ひろいました。あわせて　何こ　ひろいましたか。

しき

答え ＿＿＿＿＿＿＿＿＿＿＿

ひょうと グラフ
まとめ

名前

● ゆうとさんの クラスで, そだてたい やさいを １人 １つずつ えらびました。

そだてたい やさい

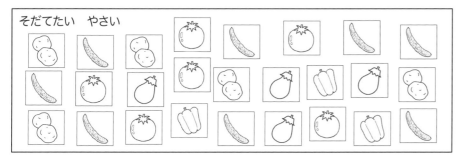

① 人数を ○を つかって, 下の グラフに あらわしましょう。

そだてたい やさい

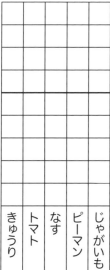

② 下の ひょうに 人数を 書きましょう。

そだてたい やさい

やさい	きゅうり	トマト	なす	ピーマン	じゃがいも
人数(人)					

③ そだてたい 人が いちばん 多い やさいは 何ですか。

（　　　　　　　）

④ きゅうりを そだてたい 人数は, ピーマンを そだてたい 人数より 何人 多いですか。

（　　　　　　　）

⑤ トマトを そだてたい 人数は, なすを そだてたい 人数より 何人 多いですか。

（　　　　　　　）

たし算の ひっ算 (1)
くり上がりなし

名前

①　ゆりかさんは, おり紙を 32まい もって います。いもうとは, おり紙を 24まい もって います。おり紙は, あわせて 何まいに なりますか。

① しきを 書きましょう。

（　　　　　　　）

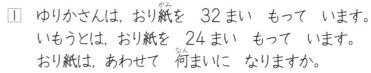

② くらいを そろえて 計算しましょう。

3 2

③ 答えを 書きましょう。

（　　　　　　　）

2 4

②　ひっ算で しましょう。

① 37 + 12　　② 23 + 35　　③ 14 + 54　　④ 64 + 25

ふくしゅう ....

① 3 + 6　　② 4 + 4　　③ 2 + 7　　④ 3 + 2

⑤ 5 + 7　　⑥ 6 + 6　　⑦ 3 + 7　　⑧ 9 + 3

● はっぱに かたつむりが ５ひき います。そこへ ７ひき やって きました。かたつむりは 何びきに なりましたか。

しき

答え＿＿＿＿＿＿＿＿

たし算の ひっ算 (2)

くり上がりなし

名前

月　日

Ⅰ　23 ＋ 45の　ひっ算を　します。
　　（　　）に　あてはまる　数を　書きましょう。

```
    2 3
  + 4 5
```

【一のくらい】
　3 ＋（　　）＝（　　）
　一のくらいの　答えは（　　）

【十のくらい】
　2 ＋（　　）＝（　　）
　十のくらいの　答えは（　　）

　23 ＋ 45 ＝（　　　　）

Ⅱ　ひっ算で　しましょう。
　① 36 ＋ 42　　② 52 ＋ 34　　③ 14 ＋ 50　　④ 60 ＋ 38

復習

　① 7 ＋ 6　　② 3 ＋ 5　　③ 4 ＋ 9　　④ 7 ＋ 7
　⑤ 9 ＋ 5　　⑥ 6 ＋ 5　　⑦ 6 ＋ 4　　⑧ 8 ＋ 7

● トマトが　かごに　5こ, れいぞうこに　6こ　あります。
　トマトは　ぜんぶで　何こ　ありますか。
　しき

　　　　　　　　　　　　　　　　　　答え

たし算の ひっ算 (3)

くり上がりなし

名前

月　日

Ⅰ　ひっ算で　しましょう。
　① 45 ＋ 21　　② 62 ＋ 16　　③ 70 ＋ 23　　④ 33 ＋ 50

　⑤ 63 ＋ 4　　⑥ 82 ＋ 5　　⑦ 3 ＋ 41　　⑧ 2 ＋ 27

　⑨ 40 ＋ 2　　⑩ 3 ＋ 30　　⑪ 4 ＋ 50　　⑫ 90 ＋ 9

Ⅱ　たつきさんは, 本を　朝に　23ページ, 夕方に　15ページ　読みました。あわせて　何ページ　読みましたか。
　しき

　　　　　　　　　　　　　　　　　　答え

ふくしゅう

　① 3 ＋ 8　　② 4 ＋ 6　　③ 9 ＋ 4　　④ 5 ＋ 4
　⑤ 6 ＋ 8　　⑥ 7 ＋ 5　　⑦ 4 ＋ 7　　⑧ 9 ＋ 2

たし算の ひっ算 (4)

くり上がりあり

名前

1　38 + 27の ひっ算を します。
　（　）に あてはまる 数を 書きましょう。

```
  3 8
+ 2 7
```

【一のくらい】
　8 + (　) = (　)
　一のくらいの 答えは (　)
　十のくらいに (　) くり上げる。

【十のくらい】
　(　) + 3 + 2 = (　)
　十のくらいの 答えは (　)

38 + 27 = (　　　)

2　ひっ算で しましょう。
　①　48 + 46　　②　25 + 47　　③　46 + 28　　④　39 + 37

　⑤　25 + 45　　⑥　72 + 18　　⑦　13 + 67　　⑧　24 + 36

3　38円の ゼリーと 27円の ラムネを 買います。
　だい金は いくらに なりますか。
　しき

答え _____

たし算の ひっ算 (5)

くり上がりあり

名前

1　ひっ算で しましょう。
　①　24 + 57　　②　53 + 38　　③　36 + 34　　④　29 + 51

　⑤　38 + 7　　⑥　2 + 49　　⑦　29 + 5　　⑧　8 + 58

　⑨　24 + 6　　⑩　66 + 4　　⑪　1 + 49　　⑫　8 + 42

2　まいさんは, あめを 23こ もって います。お姉さんに 9こ
　もらいました。ぜんぶで 何こに なりましたか。
　しき

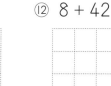

答え _____

ふくしゅう ....

　①　9 − 5　　②　7 − 6　　③　5 − 3　　④　6 − 2
　⑤　11 − 5　　⑥　13 − 8　　⑦　12 − 9　　⑧　13 − 6

たし算の ひっ算 (6)
くり上がりなし・あり

名前

● ひっ算で しましょう。

① 29 + 46　② 73 + 8　③ 43 + 26　④ 47 + 46

⑤ 9 + 30　⑥ 37 + 3　⑦ 14 + 76　⑧ 46 + 38

⑨ 52 + 38　⑩ 72 + 17　⑪ 8 + 42　⑫ 39 + 45

⑬ 44 + 26　⑭ 17 + 74　⑮ 40 + 30　⑯ 44 + 34

⑰ 19 + 17　⑱ 4 + 36　⑲ 47 + 28　⑳ 34 + 58

たし算の ひっ算 (7)
たし算の きまり

名前

① 26 + 38の ひっ算を しましょう。
また, たされる数と たす数を 入れかえて 計算して, 答えが 同じに なることを たしかめましょう。

② 答えが 同じに なる しきを 見つけて, 線で むすびましょう。

62 + 29 ・　　・ 29 + 62
26 + 34 ・　　・ 62 + 34
34 + 62 ・　　・ 34 + 26

ふくしゅう

① 7 − 5　② 8 − 3　③ 7 − 4　④ 6 − 3
⑤ 13 − 7　⑥ 14 − 8　⑦ 11 − 3　⑧ 12 − 7
⑨ 13 − 9　⑩ 11 − 9　⑪ 14 − 7　⑫ 12 − 4
⑬ 12 − 8　⑭ 15 − 8　⑮ 14 − 6　⑯ 11 − 4

● 赤い チューリップと 黄色い チューリップが, あわせて 14本 さいて います。 赤い チューリップは 7本です。
黄色い チューリップは 何本ですか。
しき

答え _____

たし算の ひっ算
まとめ ①

名前

① ひっ算で しましょう。

① 39 + 58　② 23 + 68　③ 48 + 22　④ 4 + 56

⑤ 88 + 5　⑥ 43 + 35　⑦ 16 + 49　⑧ 89 + 6

⑨ 27 + 46　⑩ 7 + 53　⑪ 55 + 35　⑫ 19 + 72

② 公園に おとなが 19人 います。子どもは おとなより 8人 多いです。 公園に いる 子どもは 何人ですか。

しき

答え ＿＿＿＿＿＿＿＿＿

③ ゆいさんは, 朝に 本を 34ページ 読みました。夜には 27ページ 読みました。あわせて 何ページ 読みましたか。

しき

答え ＿＿＿＿＿＿＿＿＿

たし算の ひっ算
まとめ ②

名前

① つぎの ひっ算が 正しければ ○を, まちがっていれば 正しい 答えを, (　　　)に 書きましょう。

①
```
   5 7
+  1 6
-------
   7 3
```

②
```
   3 8
+  4 8
-------
   7 6
```

③
```
   5 2
+  3 7
-------
   9 9
```

④
```
   7 7
+    8
-------
   8 5
```

(　　　)　(　　　)　(　　　)　(　　　)

② 答えが 同じに なる しきを □から えらんで, (　　　)に 記ごうを 書きましょう。

46 + 38 (　　　)

53 + 28 (　　　)

28 + 35 (　　　)

```
ア  35 + 28
イ  38 + 46
ウ  46 + 53
エ  28 + 53
オ  38 + 28
```

③ 右の 中から おかしを 2つ えらんで 買います。

① ポテトチップスと グミを 買うと, 何円に なりますか。

しき

ガム 32円　ポテトチップス 46円

せんべい 47円　グミ 38円

答え ＿＿＿＿＿＿＿＿＿

② 何と 何を 買うと, ちょうど 70円に なりますか。

(　　　　　)と(　　　　　)

ひき算の ひっ算 (1)

くり下がりなし

名前

1　かおりさんは, おり紙を 68まい もって いました。
　25まい つかいました。のこりは 何まいに なりましたか。

　①　しきを 書きましょう。

　　　（　　　　　　　　　　　）

　②　くらいを そろえて
　　計算しましょう。

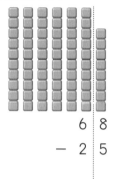

```
    6 8
  − 2 5
```

　③　答えを 書きましょう。

　　　（　　　　　　）

2　ひっ算で しましょう。
　① 89 − 26　② 75 − 43　③ 68 − 22　④ 48 − 24

ふくしゅう

　① 6 − 3　② 5 − 4　③ 8 − 2　④ 7 − 3
　⑤ 13 − 5　⑥ 15 − 9　⑦ 14 − 5　⑧ 11 − 6

● 白い 花が 5本, 赤い 花が 12本 さいて います。
　どちらが 何本 多いですか。
　しき

答え _____

ひき算の ひっ算 (2)

くり下がりなし

名前

1　76 − 24の ひっ算を します。
　（　）に あてはまる 数を 書きましょう。

```
  7 6
− 2 4
```

　【一のくらい】
　　6 −（　）=（　）
　　一のくらいの 答えは（　）
　【十のくらい】
　　7 −（　）=（　）
　　十のくらいの 答えは（　）

　76 − 24 =（　　　　）

2　ひっ算で しましょう。
　① 68 − 26　② 36 − 13　③ 99 − 23　④ 85 − 44

ふくしゅう

　① 8 − 4　② 12 − 7　③ 13 − 6　④ 14 − 8
　⑤ 17 − 9　⑥ 11 − 5　⑦ 6 − 4　⑧ 10 − 4

● お兄さんは 13才です。弟は お兄さんより 5才 年下です。
　弟は 何才ですか。
　しき

答え _____

ひき算の ひっ算 (3)

くり下がりなし

名前

月　日

① ひっ算で しましょう。

① 45 − 21　② 68 − 16　③ 78 − 24　④ 67 − 53

⑤ 56 − 26　⑥ 83 − 73　⑦ 84 − 60　⑧ 91 − 20

⑨ 86 − 83　⑩ 78 − 71　⑪ 72 − 2　⑫ 49 − 9

② バスに 25人 のって います。つぎの バスていで 11人 おりました。バスに のって いる 人は 何人に なりましたか。

しき

答え _____

ふくしゅう

① 14 − 9　② 11 − 3　③ 15 − 9　④ 16 − 8

⑤ 12 − 9　⑥ 14 − 5　⑦ 11 − 4　⑧ 12 − 5

ひき算の ひっ算 (4)

くり下がりあり

名前

月　日

① 56 − 29の ひっ算を します。
（　）に あてはまる 数を 書きましょう。

```
  5 6
− 2 9
```

【一のくらい】
6から 9は ひけない。
十のくらいから （　）くり下げる。
（　）− 9 = （　）　一のくらいの 答えは （　）

【十のくらい】
1くり下げたので 4
（　）− 2 = （　）　十のくらいの 答えは （　）

56 − 29 = （　　　）

② ひっ算で しましょう。

① 61 − 46　② 72 − 18　③ 75 − 58　④ 82 − 36

⑤ 96 − 48　⑥ 82 − 55　⑦ 51 − 35　⑧ 83 − 24

③ シールが 62まい あります。27まい つかいました。のこりの シールは 何まいですか。

しき

答え _____

ひき算の ひっ算 (5)
くり下がりあり

名前

① ひっ算で しましょう。

① 91 − 26　② 60 − 43　③ 70 − 36　④ 80 − 18

⑤ 73 − 66　⑥ 82 − 77　⑦ 43 − 39　⑧ 70 − 61

⑨ 64 − 8　⑩ 73 − 6　⑪ 50 − 6　⑫ 90 − 7

② はるきさんは, 72円 もって います。59円の チョコレートを 買います。のこりは いくらに なりますか。

しき

答え _____

ふくしゅう

① 43 + 53　② 6 + 43　③ 29 + 43　④ 58 + 6

ひき算の ひっ算 (6)
くり下がりなし・あり

名前

● ひっ算で しましょう。

① 82 − 36　② 90 − 56　③ 72 − 48　④ 82 − 32

⑤ 63 − 55　⑥ 76 − 24　⑦ 92 − 7　⑧ 63 − 59

⑨ 80 − 44　⑩ 72 − 58　⑪ 81 − 75　⑫ 73 − 8

⑬ 71 − 26　⑭ 50 − 8　⑮ 94 − 43　⑯ 47 − 29

⑰ 77 − 35　⑱ 60 − 25　⑲ 83 − 57　⑳ 45 − 18

12　（122％に拡大してご使用ください）

ひき算の ひっ算 (7)
答えの たしかめ

名 前

1　<れい>のように, ひき算を しましょう。そして, ひき算の 答えを たし算で たしかめましょう。

<れい>

	7	2
−	1	8
	5	4

	5	4
+	1	8
	7	2

①
	5	4
−	3	6
➡
+		

②
	8	0
−	4	6
➡
+		

③
	6	2
−	5	5
➡
+		

④
	9	1
−		7
➡
+		

2　下の ひき算の 答えの たしかめに なる しきを □から えらんで, ( )に 記ごうを 書きましょう。

① 49 − 37 　(　)
② 66 − 50 　(　)
③ 73 − 7 　(　)
④ 55 − 49 　(　)
⑤ 82 − 35 　(　)

ア　6 + 49
イ　16 + 50
ウ　12 + 37
エ　66 + 7
オ　47 + 35

ふくしゅう

① 34 + 62　② 32 + 6　③ 38 + 47　④ 8 + 56

ひき算の ひっ算
まとめ ①

名 前

1　ひっ算で しましょう。

① 46 − 3　② 55 − 27　③ 60 − 49　④ 73 − 7

⑤ 84 − 48　⑥ 27 − 9　⑦ 84 − 80　⑧ 62 − 46

⑨ 73 − 26　⑩ 41 − 38　⑪ 70 − 23　⑫ 96 − 65

2　ゆうたさんは, 本を 67ページ 読みました。ひろみさんは, 75ページ 読みました。どちらが 何ページ 多く 読みましたか。
しき

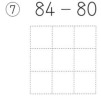

答え ＿＿＿＿＿＿＿＿＿＿

3　ミニトマトが 42こ できて います。何こか とったので, のこりが 25こに なりました。何こ とりましたか。
しき

答え ＿＿＿＿＿＿＿＿＿＿

ひき算の ひっ算
まとめ ②

月　日

1　つぎの　ひっ算が　正しければ　○を，まちがっていれば　正しい
答えを，（　　　）に　書きましょう。

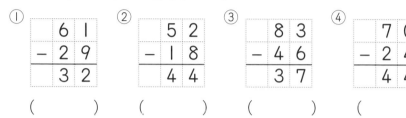

①
```
  6 1
- 2 9
-----
  3 2
```
（　　　）

②
```
  5 2
- 1 8
-----
  4 4
```
（　　　）

③
```
  8 3
- 4 6
-----
  3 7
```
（　　　）

④
```
  7 0
- 2 4
-----
  4 4
```
（　　　）

2　つぎの　ひっ算を　しましょう。また，答えの　たしかめに
なる　しきを　下の　◯◯◯から　えらんで，（　　）に　記ごうを
書きましょう。

① 70 − 29　　② 43 − 20　　③ 64 − 29　　④ 93 − 64

（　　　）　　（　　　）　　（　　　）　　（　　　）

> ア 35 + 29　　イ 29 + 64　　ウ 41 + 29　　エ 23 + 20

3　しょうたさんは，80 円　もって　います。
62 円の　ガムを　買うと，のこりは　何円に　なりますか。
しき

答え ＿＿＿＿＿＿＿＿＿

長さ（1）

月　日

1　下の　図の　たてと　よこの　長さを　くらべましょう。どちらが
どれだけ　長いですか。

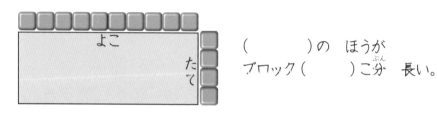

（　　　）の　ほうが
ブロック（　　　）こ分　長い。

2　ひろしさんは，下のように　あと　いの　長さを　くらべて，「あの
ほうが　ブロックの　数が　多いから　長い。」と　いって　います。

① ひろしさんの　考えは　あって　いますか。
（　　　　　　　　　　　　　　）

② なぜ，そのように　考えたのか　書きましょう。
（

ふくしゅう

① 20 + 8　　② 2 + 28　　③ 49 + 6　　④ 45 + 5

長さ (2)

名
前

Ⅰ　長さを　はかる　たんい, cm(センチメートル)を　書く
れんしゅうを　しましょう。
① 1cm から　6cm まで　なぞりましょう。
② 7cm から　10cm まで　書きましょう。

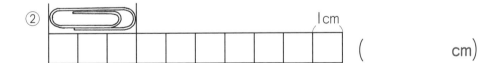

Ⅱ　つぎの　ものの　長さを, 1ます　1cmの　用紙を　つかって　はかります。何cm ですか。

① 　　　　　　　1cm
（　　　　　　　cm）

② 　　　　　　1cm
（　　　　　　　cm）

ふくしゅう

① 27 + 6　② 38 + 9　③ 6 + 41　④ 76 + 7

 長さ (3)

名
前

Ⅰ　つぎの　ものの　長さを, ものさしで　はかります。何cm ですか。

①
（　　　　　　　）

②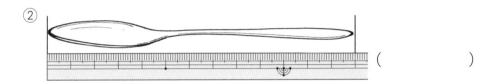
（　　　　　　　）

Ⅱ　左はしから, ㋐, ㋑, ㋒までの　長さは, それぞれ　何cm ですか。

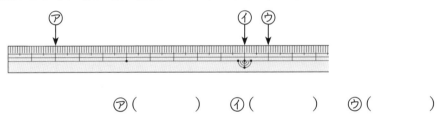

㋐（　　　　　）　㋑（　　　　　）　㋒（　　　　　）

ふくしゅう

① 67 − 8　② 73 − 3　③ 72 − 5　④ 61 − 3

長さ (4)　名前

① 長さの たんい, mmを 学しゅうしましょう。

(1) ( )に あてはまる ことばや 数を 書きましょう。

　　1cmを 同じ 長さに, ( )に 分けた 1つ分の 長さを
　　1( )といい, 1mmと 書きます。

　　　　　1cm =( )mm

(2) mmを 書く れんしゅうを しましょう。

　① 1mmから 6mmまで なぞりましょう。

　② 7mmから 10mmまで 書きましょう。

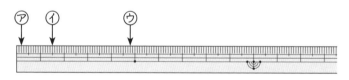
1mm　2mm　3mm　4mm　5mm

6mm

② 左はしから, ㋐, ㋑, ㋒までの 長さは, それぞれ どれだけですか。

㋐　㋑　　㋒

　　　㋐(mm)　　㋑(1cm mm)　　㋒(4cm mm)

ふくしゅう ···

① 68 − 3　② 71 − 5　③ 43 − 9　④ 60 − 8

長さ (5)　名前

① つぎの ものの 長さを, ものさしで はかります。 何cm何mm
ですか。

①
( )

②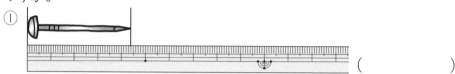
( )

② 左はしから, ㋐, ㋑, ㋒, ㋓までの 長さは, それぞれ どれだけですか。

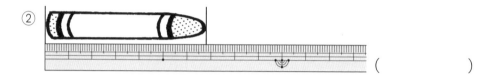
㋐　　　㋑　　　　㋒　㋓

㋐( )　　㋑( )

㋒( )　　㋓( )

ふくしゅう ···

● ( )に あてはまる 数を 書きましょう。

① 53は, 10が ( )こと 1が ( )こです。

② 78は, 10が( )こと 1が ( )こです。

③ 10が 4こと 1が 6この 数は ( )です。

④ 10が 6この 数は ( )です。

長さ（6）

名前

● つぎの　長さの　直線を　▶から　ひきましょう。

① 6cm　▶----▷

② 3cm5mm　▶----▷

③ 5cm2mm　▶----▷

④ 7cm8mm　▶----▷

⑤ 4cm6mm　▼
　　　　　　↓

⑥ 8cm4mm　↘

⑦ 10cm7mm　↑

ふくしゅう

● （　）に　あてはまる　数を　書きましょう。

① 十のくらいが　7，一のくらいが　8の　数は　（　　　）です。

② 十のくらいが　8，一のくらいが　0の　数は　（　　　）です。

③ 65の　十のくらいは　（　），一のくらいは　（　）です。

④ 94の　十のくらいは　（　），一のくらいは　（　）です。

⑤ 80の　十のくらいは　（　），一のくらいは　（　）です。

長さ（7）

名前

1　つぎの　長さを　ものさしで　はかりましょう。
何cm何mmですか。また，何mmですか。

①

（　cm　mm），（　mm）

②

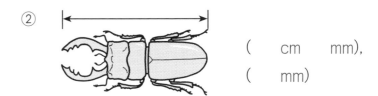

（　cm　mm），

（　mm）

2　（　）に　あてはまる　数を　書きましょう。

① 2cm3mm = （　　　）mm

② 5cm = （　　　）mm

③ 10cm = （　　　）mm

④ 10cm9mm = （　　　）mm

⑤ 34mm = （　　　）cm（　　　）mm

⑥ 60mm = （　　　）cm

⑦ 120mm = （　　　）cm

⑧ 125mm = （　　　）cm（　　　）mm

長さ (8)

名前

① 長さの たし算と ひき算を しましょう。

① 3cm ＋ 5cm ＝

② 7cm － 4cm ＝

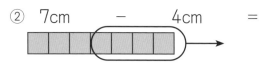

② スタートから ゴールまでの ⑦と ⑦の 道の 長さを くらべましょう。

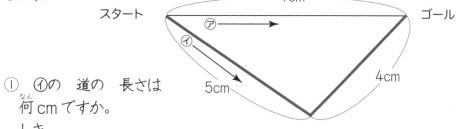

① ⑦の 道の 長さは 何 cm ですか。
しき

答え _____

② ⑦の 道と ⑦の 道の 長さの ちがいは 何 cm ですか。
しき

答え _____

ふくしゅう ·······································

● つぎの 数を 数字で 書きましょう。

① 100を 1こと 10を 1こと 1を 8こ あわせた 数
（　　　　）

② 100を 1こと 10を 0こと 1を 5こ あわせた 数
（　　　　）

長さ (9)

名前

① 計算を しましょう。

① 4mm ＋ 3mm

② 5cm4mm ＋ 2cm

③ 6cm ＋ 7cm6mm

④ 14cm5mm ＋ 3mm

⑤ 8cm2mm ＋ 3cm5mm

⑥ 5cm7mm ＋ 3mm

⑦ 9mm － 5mm

⑧ 7cm8mm － 2cm

⑨ 9cm7mm － 4mm

⑩ 12cm6mm － 6mm

⑪ 5cm8mm － 2cm5mm

⑫ 8cm7mm － 8cm

② ⑦の テープは 4cm です。⑦の テープは 6cm5mm です。

① ⑦と ⑦の 2本の テープを かさならないように つなぐと, 何 cm 何 mm に なりますか。
しき

答え _____

② ⑦と ⑦の 2本の テープの 長さの ちがいは, 何 cm 何 mm ですか。
しき

答え _____

長さ
まとめ ①

名
前

① テープの　長さは　何cm何mmですか。また，それは
何mmですか。

①

（　　）cm（　　）mm

（　　）mm

②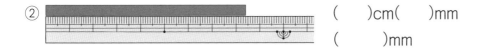

（　　）cm（　　）mm

（　　）mm

③

（　　）cm（　　）mm

（　　）mm

② つぎの　長さの　直線を　▸から　ひきましょう。

① 4cm

▸---▸

② 6cm7mm

▸---▸

③ 長い　ほうに　○を　つけましょう。

① （1cm　　，　　9mm）

② （5cm　　，　　49mm）

③ （76mm　，　7cm7mm）

④ （　）に　あてはまる　長さの　たんい（cm，mm）を　書きましょう。

① えんぴつの　長さ　14（　　）

② ノートの　あつさ　　4（　　）

長さ
まとめ ②

名
前

① （　　）に　あてはまる　数を　書きましょう。

① 3cm　=　（　　　）mm

② 4cm7mm　=　（　　　）mm

③ 10cm5mm　=　（　　　）mm

④ 52mm　=　（　　）cm（　　）mm

⑤ 70mm　=　（　　）cm

⑥ 128mm　=　（　　）cm（　　）mm

② 計算を　しましょう。

① 4cm3mm + 4mm

② 6cm2mm + 4cm

③ 5cm8mm + 2mm

④ 9cm6mm − 6cm

⑤ 7cm8mm − 5mm

⑥ 10cm5mm − 8cm

③ ⑦の　テープは　6cm4mmです。①の　テープは　8cm4mmです。

① ⑦と　①の　2本の　テープの　長さの　ちがいは，何cm何mm
ですか。

しき

答え＿＿＿＿＿＿＿＿＿

② ⑦と　①の　2本の　テープを　かさならないように　つなぐと，
何cm何mmに　なりますか。

しき

答え＿＿＿＿＿＿＿＿＿

1000 までの 数 (1)

名
前

● ▢ は ぜんぶで 何こ ありますか。

①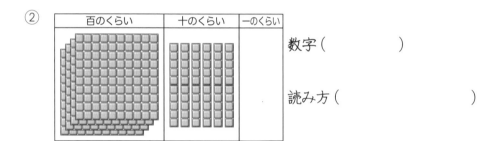

百のくらい	十のくらい	一のくらい

数字（ 243 ）

読み方（ 二百四十三 ）

②

百のくらい	十のくらい	一のくらい

数字（　　　）

読み方（　　　）

③

百のくらい	十のくらい	一のくらい

数字（　　　）

読み方（　　　）

④

百のくらい	十のくらい	一のくらい

数字（　　　）

読み方（　　　）

1000 までの 数 (2)

名
前

① つぎの 数を 数字で 書きましょう。

①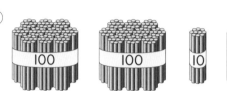

（　　　　）

②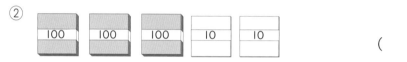

（　　　　）

③

（　　　　）

② 数字で 書きましょう。

① 五百六十三　（　　　　）

② 七百九十　　（　　　　）

③ 八百五　　　（　　　　）

④ 百十　　　　（　　　　）

ふくしゅう

① 46 + 32　 ② 48 + 22　③ 83 + 5 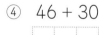 ④ 46 + 30

1000までの 数 (3)

名前

● カードが あらわしている 数を 書きましょう。

①

百のくらい	十のくらい	一のくらい
100	10	
100	10	
100	10	1
100　100	10	1
100　100	10　10	1

数字（ 763 ）

読み方（ 七百六十三 ）

②

百のくらい	十のくらい	一のくらい
100		
100		
100		
100	10	
100	10	

数字（　　　　　）

読み方（　　　　　　　　　）

③

百のくらい	十のくらい	一のくらい
100		1
100　100		1
100　100		1　1
100　100		1　1
100　100		1　1

数字（　　　　　）

読み方（　　　　　　　　　）

ふくしゅう

① 29 + 45　② 73 + 9　③ 46 + 14　④ 53 + 38

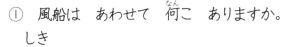

1000までの 数 (4)

名前

● （　）に あてはまる 数を 書きましょう。

① 100を 2こ, 10を 5こ, 1を 7こ あわせた 数は, （　　　　）です。

② 100を 6こ, 1を 4こ あわせた 数は, （　　　　）です。

③ 100を 9こ, 10を 3こ あわせた 数は, （　　　　）です。

④ 739は, 100を （　）こ, 10を （　）こ, 1を （　）こ あわせた 数です。

⑤ 608は, 100を （　）こ, 1を （　）こ あわせた 数です。

⑥ 百のくらいが 5, 十のくらいが 2, 一のくらいが 6の 数は, （　　　　）です。

⑦ 百のくらいが 7, 十のくらいが 0, 一のくらいが 9の 数は, （　　　　）です。

ふくしゅう

● 赤い 風船が 47こ, 青い 風船が 39こ あります。
① 風船は あわせて 何こ ありますか。
しき

答え　　　　　

② 赤い 風船は, 青い 風船より 何こ 多いですか。
しき

答え

1000までの 数 (5)

名
前

① （ ）に あてはまる 数を 書きましょう。

① 10を 12こ あつめた 数は いくつですか。

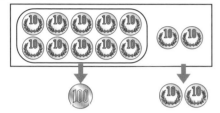

10が 12こ $\Biggl\{$ 10が 10こ ➡ （ 　 ） $\Biggr\}$ ＞（ 　 ）
　　　　　　　　10が 2こ ➡ （ 　 ）

② 10を 18こ あつめた 数は （ 　 ）です。

③ 10を 24こ あつめた 数は （ 　 ）です。

④ 10を 60こ あつめた 数は （ 　 ）です。

② （ ）に あてはまる 数を 書きましょう。

① 150は 10を 何こ あつめた 数ですか。

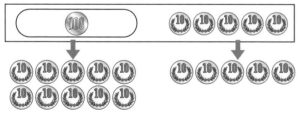

150 $\Biggl\{$ 100 ➡ 10が （ 　 ）こ $\Biggr\}$ 10が （ 　 ）こ
　　　　 50 ➡ 10が （ 　 ）こ

② 230は 10を （ 　 ）こ あつめた 数です。

③ 450は 10を （ 　 ）こ あつめた 数です。

④ 500は 10を （ 　 ）こ あつめた 数です。

1000までの 数 (6)

名
前

● 下の 数の線の ⑦～⑨に あたる 数を 書きましょう。

①

⑦（ 　 ）　⑦（ 　 ）　⑦（ 　 ）　⑦（ 　 ）

②

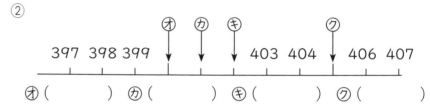

⑦（ 　 ）　⑦（ 　 ）　⑦（ 　 ）　⑦（ 　 ）

③

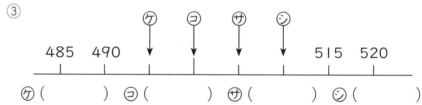

⑦（ 　 ）　⑦（ 　 ）　⑦（ 　 ）　⑦（ 　 ）

④

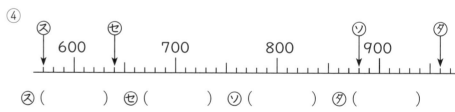

⑦（ 　 ）　⑦（ 　 ）　⑦（ 　 ）　⑦（ 　 ）

ふくしゅう

① 79 － 45　② 73 － 43　③ 53 － 26　④ 61 － 8

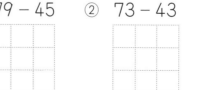 

1000 までの 数 (7)

● 下の 数の線を 見て, 1000に ついて (　)に あてはまる 数を 書きましょう。

① 100を (　)こ あつめた 数を 千といい,

　(　)と 書きます。

② 1000は, 10を (　)こ あつめた 数です。

③ 900は, あと (　)で 1000に なります。

④ 1000より 200 小さい 数は (　)です。

⑤ 1000より 1 小さい 数は (　)です。

⑥ 1000より 10 小さい 数は (　)です。

```
0   100  200  300  400  500  600  700  800  900  1000
```

ふくしゅう

① 57 − 52　② 85 − 28　③ 60 − 34　④ 42 − 33

● シールを 41まい もって いました。おとうとに 14まい あげました。 シールは 何まいに なりましたか。

しき

答え ＿＿＿＿＿＿＿＿＿

1000 までの 数 (8)

● つぎの 数に ついて, (　)に あてはまる 数を 書きましょう。

① 430　㋐ 430は (　)と 30を あわせた 数

　　　　㋑ 430は 400より (　) 大きい 数

　　　　㋒ 430は 10を (　)こ あつめた 数

② 680　㋐ 680は 600と (　)を あわせた 数

　　　　㋑ 680は (　)より 20 小さい 数

　　　　㋒ 680は 10を (　)こ あつめた 数

③ 1000　㋐ 1000は 900と (　)を あわせた 数

　　　　㋑ 1000は 800より (　) 大きい 数

　　　　㋒ 1000は 10を (　)こ あつめた 数

ふくしゅう

① 64 − 8　② 48 − 44　③ 93 − 25　④ 70 − 7

● なわとびを, きのうは 48回 今日は 64回 とびました。きのうと 今日とでは, どちらの ほうが 何回 多いですか。

しき

答え ＿＿＿＿＿＿＿＿＿

1000 までの 数 (9)

名前

① 色紙 40 まいと 80 まいを あわせると 何まいに なりますか。

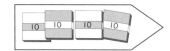 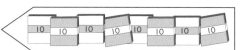

しき

答え _____

② 120 円 もって いました。 50 円 つかいました。
何円 のこって いますか。

しき

答え _____

③ 計算を しましょう。

① 70 + 60　　② 80 + 60　　③ 90 + 70

④ 130 − 60　　⑤ 160 − 70　　⑤ 140 − 80

ふくしゅう

① 82 − 28　　② 73 − 23　　③ 50 − 46　　④ 92 − 49

1000 までの 数 (10)

名前

① 200 円と 300 円を あわせると 何円に なりますか。

しき

答え _____

② おり紙が 500 まい ありました。200 まい つかいました。
のこりは 何まいに なりましたか。

しき

答え _____

③ 計算を しましょう。

① 400 + 300　　② 200 + 600

③ 800 + 200　　④ 500 + 500

⑤ 600 − 200　　⑥ 500 − 100

⑦ 1000 − 300　　⑧ 1000 − 800

ふくしゅう

① 81 − 54　　② 60 − 35　　③ 91 − 8　　④ 40 − 6

1000 までの 数 (11)

名
前

① つぎの 2つの 数を 数の線に ↓で 書き入れましょう。
　そして, どちらが 大きいか, ＞か ＜を (　) に 書きましょう。

① 699 (　) 701

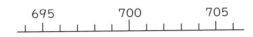

② 406 (　) 396

③ 808 (　) 812

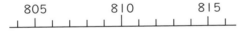

② どちらが 大きいですか。(　) に ＞か ＜を 書きましょう。

① 178 (　) 187　　② 490 (　) 409
③ 699 (　) 702　　④ 843 (　) 834
⑤ 999 (　) 1000

ふくしゅう

① 97 − 27　　② 68 − 63　　③ 87 − 4　　④ 62 − 29

  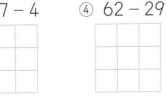

1000 までの 数 (12)

名
前

① つぎの しきを 160と くらべて, (　) に あてはまる
　＞, ＜, ＝を 書きましょう。

① 90 + 60 (　) 160
② 80 + 90 (　) 160
③ 70 + 90 (　) 160

② (　) に あてはまる ＞, ＜, ＝を 書きましょう。

① 110 (　) 60 + 40
② 50 + 60 (　) 105
③ 340 − 40 (　) 300
④ 140 − 60 (　) 90

ふくしゅう

① 51 − 37　② 50 − 22　③ 43 − 35　④ 70 − 7

● 教室に 本が 70さつ あります。
　そのうち 16さつは 図かんで, のこりは ものがたりの 本です。
　ものがたりの 本は 何さつ ありますか。

しき

答え

1000までの 数　まとめ ①

名前

月　日

1　つぎの　数を　数字で　書きましょう。

① 六百九十五　（　　　　　）

② 四百七十　（　　　　　）

③ 二百八　（　　　　　）

④ 100を　9こ,　10を　4こ,　1を　3こ　あわせた　数
（　　　　　）

⑤ 100を　8こ,　1を　7こ　あわせた　数　（　　　　　）

⑥ 百のくらいが　5,　十のくらいが　0,　一のくらいが　1の　数
（　　　　　）

2　下の　数の線の　⑦～⑰に　あたる　数を　書きましょう。

①
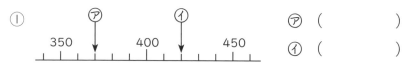
⑦（　　　　　）
⑦（　　　　　）
⑦（　　　　　）

②
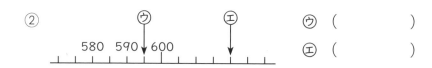
⑦（　　　　　）
⑦（　　　　　）

③
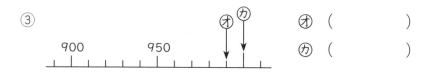
⑦（　　　　　）
⑦（　　　　　）

3　どちらが　大きいですか。（　　）に　＞か　＜を　書きましょう。

① 198（　　）201　　② 680（　　）608

③ 789（　　）798　　④ 501（　　）499

1000までの 数　まとめ ②

名前

月　日

1　つぎの　数に　ついて,　（　）に　あてはまる　数を　書きましょう。

① 270　⑦ 270は　200と　（　　　）を　あわせた　数

　　　　⑦ 270は　300より　（　　　）小さい　数

　　　　⑦ 270は　10を　（　　　）こ　あつめた　数

② 980　⑦ 980は　（　　　）と　80を　あわせた　数

　　　　⑦ 980は　（　　　）より　20　小さい　数

　　　　⑦ 980は　10を　（　　　）こ　あつめた　数

2　計算を　しましょう。

① 70＋80　　　　② 400＋300

③ 400＋600

④ 140－90　　　　⑤ 900－500

⑥ 1000－200

3　150ページの　本を　読んで　います。70ページ　読みました。
あと　何ページで　読みおわりますか。

しき

答え＿＿＿＿＿＿＿＿

4　600円の　カレーと,　200円の　サラダを　食べます。
だい金は　何円に　なりますか。

しき

答え＿＿＿＿＿＿＿＿

水の かさ (1)

名前

月　日

1　同じ　大きさの　入れものに，水が　入って　います。どちらの　ほうが　多いですか。多い　ほうの　（　）に　○を　つけましょう。

① （　）　　（　）　　② （　）　　（　）

2　入れものに　入る　水の　かさを，同じ　大きさの　コップで　くらべました。どちらの　ほうが，コップ　何ばいぶん　多いですか。

① 牛にゅうパック　　　　ペットボトル

（　　　　　）の　ほうが，コップ（　　　）はいぶん　多い。

② ポット　　　　　　　ビン

（　　　　　）の　ほうが，コップ（　　　）はいぶん　多い。

ふくしゅう

● 左はしから，㋐〜㋔までの　長さは，それぞれ　どれだけですか。

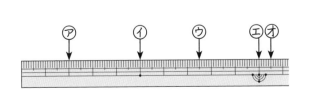

㋐（　　　）
㋑（　　　）
㋒（　　　）
㋓（　　　）
㋔（　　　）

水の かさ (2)

名前

月　日

1　水の　かさの　たんい，dL（デシリットル）を　書く　れんしゅうを　しましょう。
① 1dL から　6dL まで　なぞりましょう。
② 7dL から　10dL まで　書きましょう。

1dL　2dL　3dL　4dL　5dL

6dL

2　つぎの　入れものに　入る　水の　かさを　書きましょう。

① 　　1dL 1dL 1dL　　　　（　　　）

② 　　1dL 1dL 1dL 1dL 1dL　（　　　）

③ 　　1dL 1dL 1dL 1dL 1dL 1dL 1dL　（　　　）

ふくしゅう

● 左はしから，㋐〜㋔までの　長さは，それぞれ　どれだけですか。

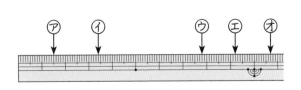

㋐（　　　）
㋑（　　　）
㋒（　　　）
㋓（　　　）
㋔（　　　）

27　（122%に拡大してご使用ください）

水の かさ (3)

① 水の かさの たんい, L (リットル) を 書く れんしゅうを
しましょう。
　① 1L から 3L まで なぞりましょう。
　② 4L から 7L まで 書きましょう。

1L　2L　3L

② つぎの 入れものに 入る 水の かさを 書きましょう。

①  　　　　　（　　　　）

② 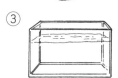  　　　　　（　　　　）

③ 　　　　　　　　　　　　　　　　　　　（　　　　）

ふくしゅう

● 左はしから, ㋐〜㋓までの 長さは, それぞれ 何cm何cmですか。
また, それは 何mmですか。

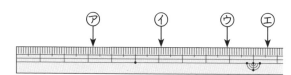

㋐（　　cm　　mm), (　　mm)　　㋑（　　cm　　mm), (　　mm)
㋒（　　cm　　mm), (　　mm)　　㋓（　　cm　　mm), (　　mm)

水の かさ (4)

● つぎの 入れものに 入る 水の かさを, ㋐, ㋑の あらわし方で
書きましょう。

①
　㋐（　　）L
　㋑（　　）dL

②
　㋐（　　）L（　　）dL
　㋑（　　）dL

③
　㋐（　　）L（　　）dL
　㋑（　　）dL

④
　㋐（　　）L（　　）dL
　㋑（　　）dL

ふくしゅう

①　4cm + 5cm　　　　　②　3cm2mm + 2cm

③　6cm4mm + 4mm　　　④　5cm5mm + 5mm

⑤　8cm − 5cm　　　　　⑥　7cm9mm − 5cm

⑦　6cm5mm − 4mm　　　⑧　5cm5mm − 5cm

月　日

水の かさ（5）

名前

1 水の かさの たんい, mL（ミリリットル）を 書く れんしゅうを しましょう。

① 1mL から 3mL まで なぞりましょう。

② 4mL と 5mL を 書きましょう。

1mL　2mL　3mL

2 （　）に あてはまる 数を 書きましょう。

① 1L =（　　）mL
② 2L =（　　）mL

③ 1L2dL =（　　）mL
④ 3L7dL =（　　）mL

⑤ 1dL =（　　）mL
⑥ 3dL =（　　）mL

⑦ 4000mL =（　　）L
⑧ 500mL =（　　）dL

3 （　）に あてはまる かさの たんい（L, dL, mL）を 書きましょう。

① コップに 入る 水の かさ　　　　2（　　）

② かんに 入った ジュースの かさ　　350（　　）

③ 水そうに 入る 水の かさ　　　　6（　　）

ふくしゅう

● （　）に あてはまる 数を 書きましょう。

① 1cm =（　　）mm
② 2cm6mm =（　　）mm

③ 8cm3mm =（　　）mm
④ 12cm =（　　）mm

⑤ 76mm =（　　）cm（　　）mm

⑥ 98mm =（　　）cm（　　）mm

月　日

水の かさ（6）

名前

1 ⑦の やかんには 2L, ④の やかんには 2L5dL の 水が 入って います。

 ⑦ 2L

 ④ 2L5dL

① ⑦と ④, 2つの やかんの 水を あわせると どれだけに なりますか。

しき

答え＿＿＿＿＿＿＿

② 2つの やかんの 水の かさの ちがいは どれだけですか。

しき

答え＿＿＿＿＿＿＿

2 計算を しましょう。

① 2L4dL ＋ 2dL
② 3L ＋ 1L4dL

③ 1L5dL ＋ 5dL
④ 5L4dL － 3dL

⑤ 3L3dL － 2L
⑥ 1L6dL － 6dL

ふくしゅう

● 下の ⑦と ④のような 2本の テープが あります。

⑦ 5cm4mm

④ 8cm8mm

2本の テープの 長さの ちがいは どれだけですか。

しき

答え＿＿＿＿＿＿＿

水の かさ
まとめ ①

名
前

① 水の かさを，㋐，㋑の あらわし方で 書きましょう。

①

㋐（　　　）L
㋑（　　　　）dL

②

㋐（　　）L（　　）dL
㋑（　　　　）dL

③

㋐（　　）L（　　）dL
㋑（　　　　）dL

④

㋐（　　）L（　　）dL
㋑（　　　　）dL

② （　　）に あてはまる かさの たんい（L，dL，mL）を
書きましょう。

① きゅう食で のむ 牛にゅうの かさ
　　　　　　　　　　　200（　　　）

② ペットボトルの お茶の かさ
　　　　　　　　　　　2（　　　）

③ 水とうに 入る 水の かさ
　　　　　　　　　　　7（　　　）

④ かんに 入った ジュースの かさ
　　　　　　　　　　　250（　　　）

水の かさ
まとめ ②

名
前

① （　　）に あてはまる 数を 書きましょう。

① 1L ＝（　　　　）mL　　② 1L ＝（　　　　）dL

③ 1dL ＝（　　　　）mL　　④ 30dL ＝（　　　　）L

⑤ 2000mL ＝（　　　　）L　　⑥ 500mL ＝（　　　　）dL

② 計算を しましょう。

① 2L5dL ＋ 3dL　　　　② 3L7dL ＋ 2L

③ 4L3dL ＋ 7dL　　　　④ 5L3dL ＋ 2L2dL

⑤ 4L8dL － 5dL　　　　⑥ 7L6dL － 3L

⑦ 4L8dL － 4L　　　　⑧ 5L7dL － 1L3dL

③ 牛にゅうが 1L ありました。
2dL のみました。のこりは 何dL ですか。
しき

答え ＿＿＿＿＿＿＿＿＿

④ 1L5dL の コーヒーと 5dL の 牛にゅうを あわせて
ミルクコーヒーを 作ります。ミルクコーヒーは どれだけ できますか。
しき

答え ＿＿＿＿＿＿＿＿＿

時こくと 時間 (1)　名前

1　時計を 見て, 答えましょう。

① ⓐと ⓘの 時こくを 書きましょう。また, ⓐから ⓘまでの
時間は 何分間ですか。

ⓐ 　 （　　　）分間　ⓘ

（　　　時　　　）　　　　　　　　　（　　　時　　　分　）

② ⓤと ⓔの 時こくを 書きましょう。また, ⓤから ⓔまでの
時間は 何時間ですか。

ⓤ 　 （　　　）時間　ⓔ

（　　　時　　　）　　　　　　　　　（　　　時　）

2　⑦から ⑦までの 時間を 書きましょう。

① ⑦  ⑦ 　（　　　）分間

② ⑦  ⑦　（　　　）分間

③ ⑦   ⑦　（　　　）時間（　　　）分

④ ⑦  ⑦ 　（　　　）分間

 時こくと 時間 (2)　名前

1　右の 時計の 時こくを 見て, 答えましょう。

① 1時間前の 時こくは 何時何分ですか。

（　　　）時（　　　）分

② 1時間後の 時こくは 何時何分ですか。

（　　　）時（　　　）分

2　右の 時計の 時こくを 見て 答えましょう。

① 10分前の 時こくは 何時何分ですか。

（　　　）時（　　　）分

② 20分前の 時こくは 何時ですか。

（　　　）時

③ 20分後の 時こくは 何時何分ですか。

（　　　）時（　　　）分

④ 35分後の 時こくは 何時何分ですか。

（　　　）時（　　　）分

⑤ 40分後の 時こくは 何時ですか。

（　　　）時

3　（　　）に あてはまる 数を 書きましょう。

① 1時間 ＝（　　　）分

② 1時間10分 ＝（　　　）分

③ 1時間30分 ＝（　　　）分

④ 80分 ＝（　　　）時間（　　　）分

⑤ 95分 ＝（　　　）時間（　　　）分

⑥ 100分 ＝（　　　）時間（　　　）分

時こくと 時間 (3)

名前

① 下の図は まさきさんの 1日の 生活の ようすです。

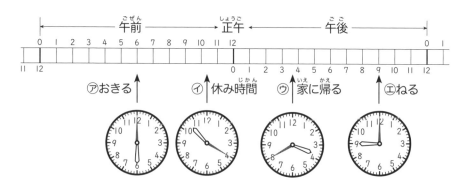

① ⑦～⑤の 時こくを, 午前, 午後を つけて 書きましょう。

⑦ (　　　　　　　　) ⑦ (　　　　　　　　)

⑦ (　　　　　　　　) ⑤ (　　　　　　　　)

② 午前と, 午後は, それぞれ 何時間ですか。

午前 (　　　) 時間 , 午後 (　　　) 時間

③ まさきさんが おきてから ねるまでの 時間は, 何時間ですか。

(　　　) 時間

② つぎの 時こくを, 午前か 午後を つかって 書きましょう。

① 朝　　　　　② 夕方　　　　　③ 夜

(　　　　　　)(　　　　　　)(　　　　　　)

時こくと 時間
まとめ

名前

① 右の 時計の 時こくを 見て, 答えましょう。

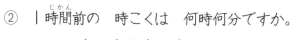

① 20分前の 時こくは 何時何分ですか。

(　　) 時 (　　) 分

② 1時間前の 時こくは 何時何分ですか。

(　　) 時 (　　) 分

③ 15分後の 時こくは 何時何分ですか。

(　　) 時 (　　) 分

④ 1時間後の 時こくは 何時何分ですか。

(　　) 時 (　　) 分

② ⑦から ⑦までの 時間を 書きましょう。

① ⑦ ⟶ ⑦ (　　　　) 分間

② ⑦ ⟶ ⑦ (　　　　) 分間

③ ⑦ ⟶ ⑦ (　　　　) 時間

計算の くふう (1)

名前

① バスに 8人 のって います。

つぎの バスていで，15人 のって きました。
その つぎの バスていでは，5人 のって きました。
バスに のって いる 人は みんなで 何人に なりましたか。
1つの しきに あらわして，答えを もとめましょう。

① バスに のった じゅんに たす しきを 書いて，答えを
もとめましょう。
しき

答え _____

② あとから のって きた 人を まとめて たす しきを 書いて，
答えを もとめましょう。
しき

まとめて たす
ときは （ ）を
つかうと いいね。

答え _____

② つぎの ⑦と ④の しきの 答えが 同じに なる ことを，
計算を して たしかめましょう。
① ⑦ 19 + 6 + 4　　　　④ 19 + (6 + 4)
② ⑦ 37 + 18 + 2　　　④ 37 + (18 + 2)

ふくしゅう

① 80 - 60　② 93 - 43　③ 87 - 83　④ 46 - 4

計算の くふう (2)

名前

● くふうして 計算します。<れい>のように，先に 計算すると
よい ところに （ ）を つけてから 計算しましょう。

<れい>　　27 + 26 + 4 = 27 + (26 + 4)
　　　　　　　　　　　　= 57

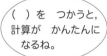
（ ）を つかうと，
計算が かんたんに
なるね。

① 15 + 39 + 1 = 15 + 39 + 1
　　　　　　　　=

② 8 + 34 + 6 = 8 + 34 + 6
　　　　　　　　=

③ 29 + 17 + 3 = 29 + 17 + 3
　　　　　　　　=

④ 26 + 48 + 2 = 26 + 48 + 2
　　　　　　　　=

ふくしゅう

① 81 - 52　② 85 - 28　③ 60 - 34　④ 42 - 33

● グミと チョコレートを 1こずつ 買うと 80円でした。
グミは 24円でした。 チョコレートは 何円ですか。
しき

答え _____

たし算と ひき算の ひっ算 (1)
たし算（くり上がり1回）　名前

① 1年生は 63人 います。2年生は 72人 います。
1年生と 2年生を あわせると 何人ですか。
しき

答え＿＿＿＿＿＿＿＿＿＿

② ひっ算で しましょう。
① 63 + 81　② 72 + 85　③ 62 + 94　④ 40 + 88

⑤ 24 + 83　⑥ 54 + 52　⑦ 65 + 40　⑧ 96 + 12

ふくしゅう

● つぎの 水の かさを，⑦，⑦の あらわし方で 書きましょう。
①

⑦（　　）L
⑦（　　）dL

②

⑦（　　）L（　　）dL
⑦（　　）dL

③

⑦（　　）L（　　）dL
⑦（　　）dL

たし算と ひき算の ひっ算 (2)
たし算（くり上がり2回）　名前

● ひっ算で しましょう。
① 75 + 68　② 79 + 58　③ 65 + 89　④ 34 + 78

⑤ 72 + 58　⑥ 49 + 91　⑦ 73 + 37　⑧ 74 + 56

⑨ 37 + 68　⑩ 28 + 78　⑪ 57 + 46　⑫ 17 + 89

⑬ 6 + 99　⑭ 92 + 9　⑮ 8 + 98　⑯ 96 + 4

ふくしゅう

● （　　）に あてはまる かさの たんい（L，dL，mL）を
書きましょう。
① やかんに 入る 水の かさ　　　2（　　）
② 紙パックに 入った ジュースの かさ 5（　　）
③ びんに 入った 牛にゅうの かさ 200（　　）

たし算と ひき算の ひっ算 (3)
たし算 (くり上がり1回・2回)　名前

① ひっ算で しましょう。

① 78 + 89　② 36 + 82　③ 52 + 88　④ 55 + 97

⑤ 47 + 83　⑥ 96 + 8　⑦ 64 + 46　⑧ 48 + 93

⑨ 84 + 86　⑩ 72 + 73　⑪ 96 + 37　⑫ 3 + 98

⑬ 85 + 98　⑭ 68 + 39　⑮ 79 + 85　⑯ 27 + 78

② つぎの ひっ算が 正しければ ○を, まちがっていれば 正しい
答えを, (　　　)に 書きましょう。

①
```
   87
 + 64
 ----
  151
```
(　　　)

②
```
   73
 + 37
 ----
  100
```
(　　　)

③
```
   82
 + 77
 ----
  169
```
(　　　)

④
```
   98
 +  9
 ----
  117
```
(　　　)

たし算と ひき算の ひっ算 (4)
ひき算 (くり下がり1回)　名前

① 画用紙が 148まい あります。
65まい つかうと, 何まい のこりますか。

しき

答え _____

② ひっ算で しましょう。

① 168 − 73　② 129 − 46　③ 136 − 54　④ 128 − 72

⑤ 119 − 72　⑥ 156 − 76　⑦ 138 − 82　⑧ 172 − 82

⑨ 104 − 13　⑩ 105 − 83　⑪ 102 − 62　⑫ 108 − 93

ふくしゅう

① 3L2dL + 7dL　② 5L2dL + 8dL

③ 5L6dL − 3L　④ 5L4dL − 4dL

たし算と ひき算の ひっ算 (5)
ひき算（くり下がり2回）
名前

● ひっ算で しましょう。

① 132 − 57　② 151 − 65　③ 130 − 68　④ 160 − 93

⑤ 163 − 86　⑥ 132 − 48　⑦ 120 − 29　⑧ 110 − 64

⑨ 143 − 76　⑩ 166 − 69　⑪ 113 − 19　⑫ 153 − 84

⑬ 132 − 86　⑭ 130 − 71　⑮ 120 − 48　⑯ 123 − 45

ふくしゅう

● （　）に あてはまる 数を 書きましょう。

① 1L = (　　)dL　　② 1L = (　　　)mL

③ 1dL = (　　　)mL　　④ 20dL = (　　)L

⑤ 57dL = (　　)L(　　)dL

たし算と ひき算の ひっ算 (6)
ひき算（十のくらいが0）
名前

● ひっ算で しましょう。

① 104 − 47　② 106 − 78　③ 105 − 38　④ 101 − 46

⑤ 102 − 78　⑥ 108 − 99　⑦ 102 − 94　⑧ 103 − 98

⑨ 106 − 9　⑩ 105 − 7　⑪ 100 − 65　⑫ 100 − 83

⑬ 100 − 47　⑭ 100 − 93　⑮ 100 − 8　⑯ 100 − 3

ふくしゅう

● 左はしから ⑦,⑦,⑦,⑦までの 長さは, それぞれ どれだけですか。

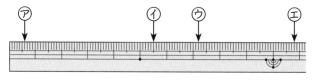

⑦ (　　　)
⑦ (　　　)
⑦ (　　　)
⑦ (　　　)

たし算と ひき算の ひっ算 (7)
ひき算（くり下がり 1回・2回）

名前

1 ひっ算で しましょう。

① 125 − 46　② 130 − 43　③ 113 − 75　④ 100 − 55

⑤ 102 − 6　⑥ 127 − 42　⑦ 134 − 86　⑧ 162 − 68

⑨ 107 − 43　⑩ 107 − 98　⑪ 110 − 93　⑫ 100 − 92

⑬ 123 − 87　⑭ 106 − 79　⑮ 132 − 57　⑯ 100 − 72

2 つぎの ひっ算が 正しければ ○を，まちがっていれば 正しい
答えを，(　　　)に 書きましょう。

①
```
  107
-  29
─────
   88
```
(　　　)

②
```
  106
-  48
─────
   58
```
(　　　)

③
```
  105
-  41
─────
   54
```
(　　　)

④
```
  120
-  64
─────
   64
```
(　　　)

たし算と ひき算の ひっ算 (8)
文しょうだい

名前

1 あやなさんは，おり紙を 106まい もって います。
かおりさんに 28まい あげました。
おり紙は，何まい のこって いますか。
しき

答え ＿＿＿＿＿＿＿＿＿＿＿

2 85円の ガムと 65円の ポテトチップスが あります。
① ガムと ポテトチップスを 1こずつ 買うと，
何円に なりますか。
しき

ガム85円　ポテトチップス
65円

答え ＿＿＿＿＿＿＿＿＿＿＿

② ポテトチップスを 買って，100円 はらいました。
おつりは 何円に なりますか。
しき

答え ＿＿＿＿＿＿＿＿＿＿＿

3 86円の クッキーと 125円の ドーナツが あります。
どちらが 何円 高いですか。
しき

答え ＿＿＿＿＿＿＿＿＿＿＿

たし算と ひき算の ひっ算 (9)
大きい 数の ひっ算

名前

1 ひっ算で しましょう。

① 476 + 15　② 749 + 47　③ 86 + 408　④ 68 + 522

⑤ 564 + 7　⑥ 783 + 9　⑦ 6 + 936　⑧ 4 + 778

2 ひっ算で しましょう。

① 652 − 24　② 747 − 38　③ 590 − 63　④ 865 − 57

⑤ 374 − 74　⑥ 235 − 8　⑦ 451 − 7　⑧ 712 − 7

3 □に あてはまる 数を 書きましょう。

126 − □ = 72

答え

たし算と ひき算の ひっ算
まとめ ①

名前

1 右の くだものを 買いに 行きました。

りんご 125円　バナナ 89円　みかん 98円

① バナナと みかんを 買うと 何円に なりますか。

しき

答え

② りんごは, みかんより 何円 高いですか。

しき

答え

③ りんごは, バナナより 何円 高いですか。

しき

答え

2 ひっ算で しましょう。

① 65 + 84　② 86 + 54　③ 79 + 48　④ 8 + 98

⑤ 143 − 59　⑥ 112 − 83　⑦ 102 − 75　⑧ 101 − 9

たし算と ひき算の ひっ算
まとめ ②

名前

1 ひっ算で しましょう。

① 85 + 64　② 87 + 76　③ 97 + 8　④ 73 + 57

⑤ 98 + 79　⑥ 28 + 75　⑦ 348 + 24　⑧ 265 + 25

⑨ 104 − 8　⑩ 148 − 65　⑪ 130 − 93　⑫ 161 − 84

⑬ 121 − 55　⑭ 106 − 97　⑮ 586 − 38　⑯ 852 − 47

2 つぎの ひっ算が 正しければ ○を, まちがっていれば 正しい
答えを,（　　）に 書きましょう。

①
```
   86
 + 68
 ───
  144
```
（　　　）

②
```
   93
 + 16
 ───
  119
```
（　　　）

③
```
  104
 −  68
 ───
   46
```
（　　　）

④
```
  163
 −  76
 ───
   87
```
（　　　）

 三角形と 四角形 (1)

名前

1 （　　）に あてはまる ことばを 書きましょう。

① 　　3本の 直線で かこまれた 形を,
（　　　　　　）と いいます。

② 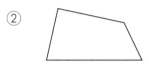　　4本の 直線で かこまれた 形を,
（　　　　　　）と いいます。

2 （　　）に あてはまる ことばや 数を 書きましょう。

① 三角形や 四角形の かどの 点を
（　　　　　　）と いい, まわりの
直線を （　　　　　　）と いいます。

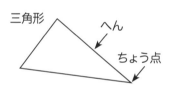

② 三角形の へんは （　　　）本,
ちょう点は （　　　）こです。

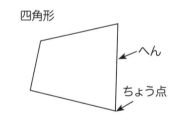

③ 四角形の へんは （　　　）本,
ちょう点は （　　　）こです。

ふくしゅう

① 64 + 83　② 46 + 97　③ 32 + 78　④ 46 + 55

三角形と 四角形 (2)

名前

月 日

1 三角形と 四角形を 見つけて,( )に 記ごうを 書きましょう。

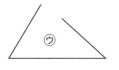

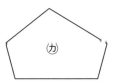

三角形( )　四角形( )

2 点と 点を 直線で つなぎ,三角形を 3つ かきましょう。

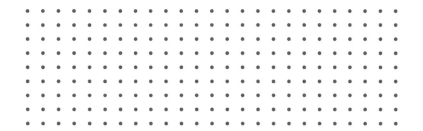

3 点と 点を 直線で つなぎ,四角形を 3つ かきましょう。

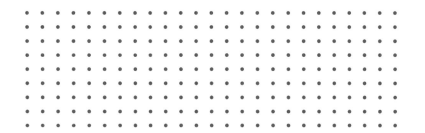

三角形と 四角形 (3)

名前

月 日

1 下の 図から 直角を 見つけて,( )に 記ごうを 書きましょう。

( )

2 下の 三角形と 四角形の 中に 直角を 見つけて,( )に 記ごうを 書きましょう。

① 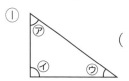 ( )
②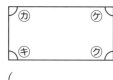

( )

③  ( )
④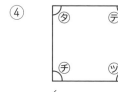

( )

ふくしゅう

① 75 + 97　② 56 + 84　③ 79 + 25　④ 96 + 7

40　(122%に拡大してご使用ください)

三角形と 四角形 (4)

名
前

① （　　）に あてはまる ことばを 書きましょう。

① 右の ような かどの 形を

（　　　　）と いいます。

② ４つの かどが, すべて 直角な

四角形を, （　　　　）と いいます。

③ 長方形の むかい合って いる

へんの 長さは （　　　　）です。

② 下の 図から 長方形を えらび, （　　）に 記ごうを

書きましょう。

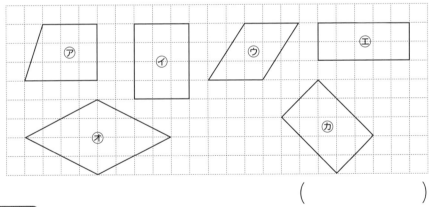

（　　　　　　）

ふくしゅう

① 147 − 83　② 151 − 75　③ 109 − 46　④ 102 − 8

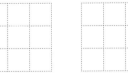

 三角形と 四角形 (5)

名
前

① 正方形に ついて, （　　）に あてはまる ことばを 書きましょう。

① 正方形の ４つの かどは,

すべて （　　　　）です。

② 正方形の ４つの へんの 長さは,

すべて （　　　　）です。

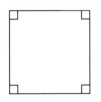

② 下の 図から 正方形を えらび, （　　）に 記ごうを

書きましょう。

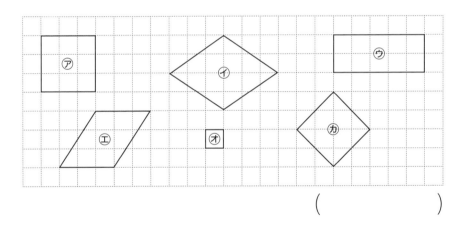

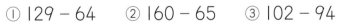

（　　　　　　）

ふくしゅう

① 129 − 64　② 160 − 65　③ 102 − 94　④ 106 − 9

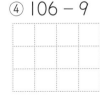

三角形と 四角形 (6)

名
前

① 長方形と 正方形の どちらにも あてはまる 文を えらんで,
○を つけましょう。

⑦ （　） 3本の 直線で かこまれた 形です。

④ （　） 4本の 直線で かこまれた 形です。

⑨ （　） 4つの へんの 長さが すべて 同じです。

① （　） 4つの かどが すべて 直角です。

② 下の 図から 長方形と 正方形を えらび,（　）に 記ごうを
書きましょう。

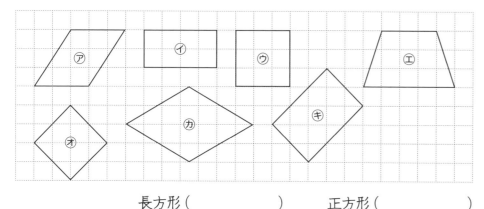

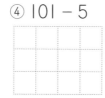

長方形（　　　　　）　　正方形（　　　　　）

ふくしゅう

① 178 － 94　② 144 － 98　③ 104 － 75　④ 101 － 5

三角形と 四角形 (7)

名
前

① （　）に あてはまる ことばを 書きましょう。

直角の かどが ある 三角形を

（　　　　　　　　　　）と いいます。

② 下の 図から 直角三角形を えらび,（　）に 記ごうを
書きましょう。

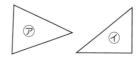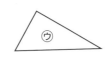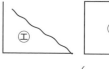

（　　　　　）

③ 大きさの ちがう 直角三角形を 3つ かきましょう。

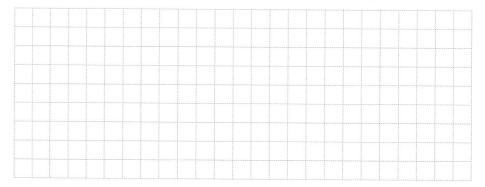

ふくしゅう

① 103 － 66　② 156 － 82　③ 123 － 25　④ 136 － 79

三角形と 四角形 (8)

名前

● つぎの 形を 下の 方がん紙に かきましょう。

① たて 4cm, よこ 5cmの
　 長方形

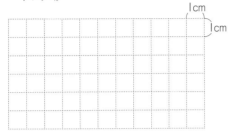

② たて 3cm, よこ 6cmの
　 長方形

③ 1つの へんの 長さが
　 2cmの 正方形

④ 1つの へんの
　 長さが 4cmの 正方形

⑤ 3cmの へんと 5cmの
　 へんの 間に, 直角の かどが
　 ある 直角三角形

⑥ 2cmの へんと 6cmの
　 へんの 間に, 直角の かどが
　 ある 直角三角形

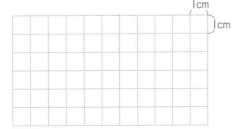

三角形と 四角形

まとめ ①

名前

1　（　）に あてはまる ことばを 書きましょう。

① 3本の 直線で かこまれた 形を,（　　　　　）と いいます。

② 4本の 直線で かこまれた 形を,（　　　　　）と いいます。

③ 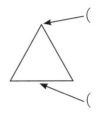 （　　　　）　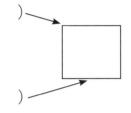 （　　　　）

2　下の 図から 長方形, 正方形, 直角三角形を えらび,（　）に 記ごうを 書きましょう。

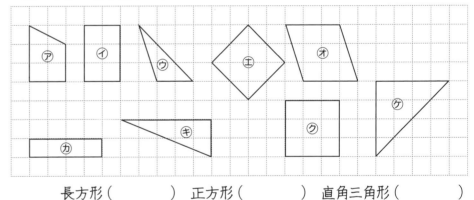

長方形（　　　）　正方形（　　　）　直角三角形（　　　）

3　直角は どれですか。（　）に 記ごうを 書きましょう。

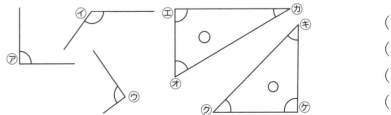

（　　）
（　　）
（　　）
（　　）

三角形と 四角形
まとめ ②

名
前

1　右の　方がん紙に, つぎの　形を　かきましょう。

① たて 4cm, よこ 8cm の
長方形

1cm
1cm

② 1つの　へんの　長さが
3cm の　正方形

1cm
1cm

③ 4cm の　へんと　9cm の
へんの　間に, 直角の　かどが
ある　直角三角形

1cm
1cm

2　右の　長方形の　まわりの　長さは, 何cm ですか。

しき

5cm

3cm

答え ＿＿＿＿＿＿＿＿＿＿＿＿＿

3　下の　長方形に　1本　直線を　ひいて, つぎの　形に　分けましょう。

① 2つの　三角形

② 三角形と　四角形

かけ算 ① （1）

名
前

● 絵を　見て, （　）に　あてはまる　数を　書きましょう。

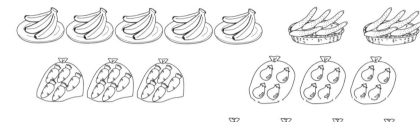

① 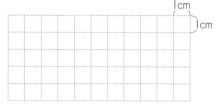バナナは　1さらに　（　）本ずつ, （　）さら分で
ぜんぶで　（　）本

② きゅうりは　1かごに　（　）本ずつ, （　）かご分で
ぜんぶで　（　）本

③ 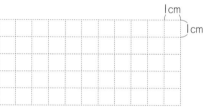にんじんは　1ふくろに　（　）本ずつ, （　）ふくろ分で
ぜんぶで　（　）本

④ 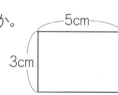なすは　1ふくろに　（　）本ずつ, （　）ふくろ分で
ぜんぶで　（　）本

⑤ マンゴーは　1はこに　（　）こずつ, （　）はこ分で
ぜんぶで　（　）こ

⑥ たまねぎは　1ふくろに　（　）こずつ, （　）ふくろ分で
ぜんぶで　（　）こ

かけ算 ① (2)

名前

● かけ算の　しきに　書いて，ぜんぶの　数を　もとめましょう。

① パン

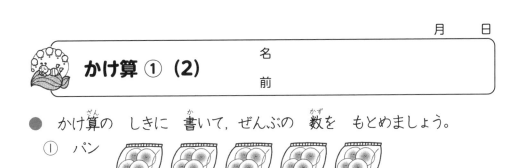

しき　[1つ分の 数] □ × [いくつ分] □ = [ぜんぶの 数] □

答え □ こ

② りんご

しき　[1つ分の 数] □ × [いくつ分] □ = [ぜんぶの 数] □

答え □ こ

③ バッタ

しき　[1つ分の 数] □ × [いくつ分] □ = [ぜんぶの 数] □

答え □ ひき

ふくしゅう

● 左はしから　㋐, ㋑, ㋒, ㋓までの　長さは，それぞれ　どれだけですか。

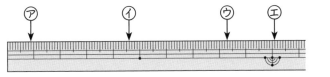

㋐ (　　　　　)
㋑ (　　　　　)
㋒ (　　　　　)
㋓ (　　　　　)

かけ算 ① (3)

名前

● かけ算の　しきに　書いて，ぜんぶの　数を　もとめましょう。

① チューリップ

しき　[1つ分の 数] □ × [いくつ分] □ = [ぜんぶの 数] □

答え □ 本

② クッキー

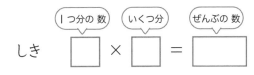

しき　[1つ分の 数] □ × [いくつ分] □ = [ぜんぶの 数] □

答え □ まい

③ 金魚

しき　[1つ分の 数] □ × [いくつ分] □ = [ぜんぶの 数] □

答え □ ひき

ふくしゅう

● つぎの　長さの　直線を　▶から　ひきましょう。

① 3cm　　　▶---→

② 6cm5mm　▶---→

③ 8cm3mm　▶---→

かけ算 ① (4)

● かけ算の しきに 書いて, ぜんぶの 数を もとめましょう。

① うさぎの耳

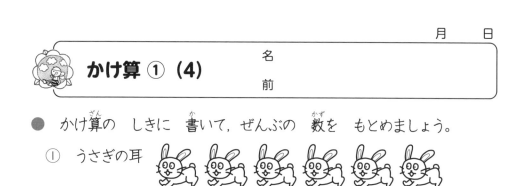

しき [　] × [　] = [　　]

答え [　　] こ

② 本

しき [　] × [　] = [　　]

答え [　　] さつ

③ テントウムシの ほし

しき [　] × [　] = [　　]

答え [　　] こ

ふくしゅう

● (　)に あてはまる かさの たんい(L, dL, mL)を
書きましょう。

① 水とうに 入る 水の かさ　　　　　8(　　)

② マグカップに 入る 水の かさ　　　300(　　)

③ なべに 入る 水の かさ　　　　　　3(　　)

かけ算 ① (5)

● かけ算の しきに 書いて, ぜんぶの 数を もとめましょう。

① だんご

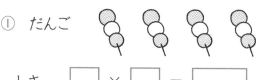

しき [　] × [　] = [　　]

答え [　　] こ

② トンボの はね

しき [　] × [　] = [　　]

答え [　　] まい

③ 花びら

しき [　] × [　] = [　　]

答え [　　] まい

ふくしゅう

● つぎの 水の かさを ⑦, ⑦の あらわし方で 書きましょう。

①

⑦(　　)L

⑦(　　)dL

②

⑦(　　)L(　　)dL

⑦(　　)dL

かけ算 ① (6)
ばいと かけ算

名　前

● 何ばいに なるかを 考えて, かけ算の しきに 書いて, 長さや 高さを もとめましょう。

①  4cmの □ばい

しき □ × □ = □

答え □ cm

② 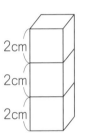 2cmの □ばい

しき □ × □ = □

答え □ cm

③  5cmの □ばい

しき □ × □ = □

答え □ cm

ふくしゅう ....

① 36 + 23　② 72 + 7　③ 37 + 27　④ 84 + 7

かけ算 ① (7)
5のだん

名　前

1 1この プランターに チューリップが 5本ずつ うえて あります。プランターの 数が ふえると, チューリップの 数は 何本に なりますか。(　)に あてはまる 数を 書きましょう。

1こ　　　　　　　　　5 × 1 = (　　)

2こ　　　　　　　　　5 × (　) = (　　)

3こ　　　　　　　　　5 × (　) = (　　)

4こ　　　　　　　　　5 × (　) = (　　)

【5こ分から 9こ分までの 数を もとめましょう。】

5こ　(　)×(　)=(　　)

6こ　(　)×(　)=(　　)

7こ　(　)×(　)=(　　)

8こ　(　)×(　)=(　　)

9こ　(　)×(　)=(　　)

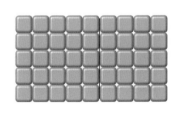

2 5のだんの 九九を れんしゅうしましょう。

五一が	5	五六	30
五二	10	五七	35
五三	15	五八	40
五四	20	五九	45
五五	25		

れんしゅうした 回数だけ 色を ぬりましょう。

○○○○
○○○○
○○○○

かけ算 ① (8)
5のだん

 月　日

名
前

① 5人で 1つの グループを つくります。
6グループ あると, ぜんぶで 何人に なりますか。
しき

答え _____

② 1回に うんどう場を 5しゅう 走ります。
4日間では 何しゅう 走ることに なりますか。
しき

答え _____

③ 5のだんの 九九を つかって, 計算しましょう。

①　5 × 3 　　②　5 × 7 　　③　5 × 4
④　5 × 2 　　⑤　5 × 6 　　⑥　5 × 1
⑦　5 × 8 　　⑧　5 × 5 　　⑨　5 × 9

ふくしゅう

①　58 − 26 　②　96 − 26 　③　73 − 71 　④　68 − 4

● 2年生は 49人 います。1年生は 2年生より 7人 少ないです。
1年生は 何人 いますか。
しき

答え _____

かけ算 ① (9)
2のだん

月　日

名
前

① 1さらに おにぎりが 2こずつ おいて あります。おさらの
数が ふえると, おにぎりの 数は 何こに なりますか。
（ ）に あてはまる 数を 書きましょう。

1さら 　　　　　　　2 × 1 ＝（ 　）

2さら 　　　　　　　　　　　2 ×（ 　）＝（ 　）

3さら 　　　　2 ×（ 　）＝（ 　）

4さら 　2 ×（ 　）＝（ 　）

【5さら分から 9さら分までの 数を もとめましょう。】

5さら　（ 　）×（ 　）＝（ 　）

6さら　（ 　）×（ 　）＝（ 　）

7さら　（ 　）×（ 　）＝（ 　）　　

8さら　（ 　）×（ 　）＝（ 　）

9さら　（ 　）×（ 　）＝（ 　）

② 2のだんの 九九を れんしゅうしましょう。

二一が　2　　　二六　12
二二が　4　　　二七　14
二三が　6　　　二八　16
二四が　8　　　二九　18
二五　10

れんしゅうした 回数だけ
色を ぬりましょう。

かけ算 ① （10）
2 のだん

名
前

① 1パックに 2dL 入って いる ジュースを，7パック
買いました。ジュースは ぜんぶで 何dL に なりましたか。
しき

答え _____

② ケーキが のった おさらが 8さら あります。ケーキは 1さらに
2こずつ のって います。ケーキは ぜんぶで 何こに なりますか。
しき

答え _____

③ 2のだんと 5のだんの 九九を つかって，計算しましょう。

① 2 × 3　　② 2 × 6　　③ 2 × 1

④ 2 × 8　　⑤ 2 × 7　　⑥ 2 × 9

⑦ 2 × 4　　⑧ 2 × 5　　⑨ 2 × 2

⑩ 5 × 3　　⑪ 5 × 2　　⑫ 5 × 4

⑬ 5 × 6　　⑭ 5 × 9　　⑮ 5 × 8

⑯ 5 × 1　　⑰ 5 × 5　　⑱ 5 × 7

ふくしゅう ....

① 72 − 48　　② 60 − 43　　③ 31 − 6　　④ 50 − 4

  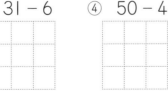

かけ算 ① （11）
3 のだん

名
前

① 花びん 1こに 3本ずつ 花が いけて あります。
花びんの 数が ふえると，花の 数は 何本に なりますか。
（　）に あてはまる 数を 書きましょう。

1こ 　　　　　3 × 1 = （　　）

2こ 　　　　　3 × （　　） = （　　）

3こ 　　　　　3 × （　　） = （　　）

4こ 　　　　　3 × （　　） = （　　）

【5こ分から 9こ分までの 数を もとめましょう。】

5こ （　　）×（　　）=（　　）

6こ （　　）×（　　）=（　　）

7こ （　　）×（　　）=（　　）

8こ （　　）×（　　）=（　　）

9こ （　　）×（　　）=（　　）

② 3のだんの 九九を れんしゅうしましょう。

さんいち 三一が	さん 3	さぶろく 三六	じゅうはち 18
さんに 三二が	ろく 6	さんしち 三七	にじゅういち 21
さざん 三三が	く 9	さんぱ 三八	にじゅうし 24
さんし 三四	じゅうに 12	さんく 三九	にじゅうしち 27
さんご 三五	じゅうご 15		

れんしゅうした 回数だけ
色を ぬりましょう。

○○○○
○○○○
○○○○

かけ算 ① （12）
3のだん
名
前

① １さつの あつさが 3cmの 図かんが あります。
　① ５さつ ならべると, はばは 何cmに なりますか。
　　しき

　　　　　　　　　　　答え ＿＿＿＿＿＿＿＿＿＿

　② もう １さつ ならべると, はばは 何cm ふえて, ぜんぶで
　　何cmに なりますか。

　　　　　　　（　　　　　）cm ふえて, （　　　　　）cmに なる。

② ボートが ４そう あります。１そうに ３人ずつ のります。
　ぜんぶで 何人 のれますか。
　しき

　　　　　　　　　　　答え ＿＿＿＿＿＿＿＿＿＿

③ ３のだんの 九九を つかって, 計算しましょう。
　①　3 × 3　　　②　3 × 2　　　③　3 × 8
　④　3 × 1　　　⑤　3 × 4　　　⑥　3 × 6
　⑦　3 × 7　　　⑧　3 × 5　　　⑨　3 × 9

ふくしゅう
　①　5 × 2　　　②　2 × 2　　　③　5 × 4
　④　2 × 5　　　⑤　2 × 6　　　⑥　5 × 9
　⑦　2 × 9　　　⑧　5 × 7　　　⑨　5 × 8
　⑩　2 × 7　　　⑪　5 × 6　　　⑫　5 × 1
　⑬　2 × 1　　　⑭　5 × 3　　　⑮　2 × 3
　⑯　5 × 5　　　⑰　2 × 4　　　⑱　2 × 8

かけ算 ① （13）
4のだん
名
前

① おもちゃの 自どう車 １台に ４こずつ タイヤを つけます。
　自どう車の 台数が ふえると, タイヤの 数は 何こに なりますか。
　（　）に あてはまる 数を 書きましょう。

　１台　　　　　　4 × 1 ＝（　　）

　2台　　　　　　4 ×（　）＝（　　）

　3台　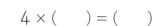　　　　　4 ×（　）＝（　　）

　4台　　　　　　4 ×（　）＝（　　）

【５台分から ９台分までの 数を もとめましょう。】

　5台　（　）×（　）＝（　　）
　6台　（　）×（　）＝（　　）　　　
　7台　（　）×（　）＝（　　）
　8台　（　）×（　）＝（　　）
　9台　（　）×（　）＝（　　）

② ４のだんの 九九を れんしゅうしましょう。

四一が	4	四六	24
四二が	8	四七	28
四三	12	四八	32
四四	16	四九	36
四五	20		

れんしゅうした 回数だけ
色を ぬりましょう。
○ ○ ○ ○
○ ○ ○ ○
○ ○ ○ ○

かけ算 ① (14)
4のだん
名前

① 1人に 4まいずつ おり紙を くばります。

① 6人に くばると，おり紙は 何まい いりますか。
しき

答え＿＿＿＿＿＿＿＿＿

② 1人 ふえると，くばる おり紙は 何まい ふえて，ぜんぶで
何まいに なりますか。

（　　　）まい ふえて，（　　　）まいに なる。

② つみ木を 3こ つみます。つみ木 1この 高さは 4cm です。
高さは ぜんぶで 何cmに なりますか。
しき

答え＿＿＿＿＿＿＿＿＿

③ 4×5と 答えが 同じに なる 5のだんの 九九を
見つけましょう。

5×（　　　）

④ 4のだんの 九九を つかって，計算しましょう。
① 4×2　　② 4×5　　③ 4×8
④ 4×9　　⑤ 4×6　　⑥ 4×1
⑦ 4×3　　⑧ 4×4　　⑨ 4×7

かけ算 ① (15)
2のだん〜5のだん
名前

① 九九を つかって，計算しましょう。
① 2×4　　② 3×5　　③ 5×5
④ 4×9　　⑤ 2×2　　⑥ 5×3
⑦ 5×8　　⑧ 3×1　　⑨ 4×2
⑩ 2×7　　⑪ 4×7　　⑫ 4×3
⑬ 3×3　　⑭ 2×5　　⑮ 4×4
⑯ 5×6　　⑰ 3×6　　⑱ 2×9
⑲ 3×8　　⑳ 5×9　　㉑ 4×6

② （　）に あてはまる 数を 書きましょう。

① 5×2と 答えが 同じに なる 2のだんの 九九は
2×（　）です。

② 2×3と 答えが 同じに なる 3のだんの 九九は
3×（　）です。

③ 3×4と 答えが 同じに なる 4のだんの 九九は
4×（　）です。

かけ算 ① （16）

2のだん〜5のだん

名前

1 九九を つかって，計算しましょう。

① 4 × 5	② 3 × 4	③ 2 × 3
④ 5 × 2	⑤ 5 × 4	⑥ 4 × 6
⑦ 2 × 6	⑧ 3 × 2	⑨ 5 × 1
⑩ 4 × 1	⑪ 5 × 7	⑫ 3 × 7
⑬ 5 × 8	⑭ 2 × 1	⑮ 4 × 8
⑯ 2 × 8	⑰ 3 × 6	⑱ 3 × 8
⑲ 3 × 9	⑳ 4 × 7	㉑ 2 × 9

2 答えが 同じに なる しきを 線で むすびましょう。

2 × 3	2 × 9	4 × 4	5 × 2	3 × 4
●	●	●	●	●

●	●	●	●	●
3 × 6	2 × 5	3 × 2	2 × 6	2 × 8

かけ算 ① （17）

かけられる数と かける数

名前

1 かけ算の しきに 合う 絵を えらんで，線で むすびましょう。

5 × 2	●

にんじん

4 × 3	●

せんぷうきの はね

3 × 6	●

ぎょうざ

3 × 4	●

あめ

2 リレーの チームを 8つ 作ります。
1チームは 4人です。
みんなで 何人に なりますか。
しき

1チーム 4人

答え _____

3 1つの へんの 長さが 3cmの 正方形が あります。
まわりの 長さは 何cmですか。
しき

3cm

答え _____

52 （ 122％に拡大してご使用ください ）

① かけ算の しきに 合う 絵を えらんで，線で むすびましょう。

3 × 5	・
3 × 4	・
4 × 3	・
2 × 4	・

ひよこ ・

みかん ・

三りん車の タイヤ ・

・ 4cm 4cm 4cm

② 魚が 1パックに 2ひきずつ 入って います。
7パックでは，魚は ぜんぶで
何びきに なりますか。
しき

答え ＿＿＿＿＿＿＿＿＿＿

③ 花が 6りん さいて います。どの 花にも
ちょうが 3びきずつ きて います。
ちょうは ぜんぶで 何びき いますか。
しき

答え ＿＿＿＿＿＿＿＿＿＿

① テープを 6本 つなぎます。テープ 1本の 長さは 5cm です。
ぜんぶで 何cmに なりますか。

5cm　5cm　5cm　5cm　5cm　5cm

しき

答え ＿＿＿＿＿＿＿＿＿＿

② 高さが 3cmの つみ木が あります。5こ つむと，
高さは ぜんぶで 何cmに なりますか。
しき

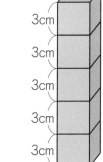

3cm
3cm
3cm
3cm
3cm

答え ＿＿＿＿＿＿＿＿＿＿

③ 2のだん，3のだん，4のだん，5のだんの
答えを 下の ひょうに 書きましょう。

	かける数								
かけられる数	1	2	3	4	5	6	7	8	9
2	2	4	6						
3									
4									
5									

かけ算 ①
まとめ ①

名
前

1　絵を 見て,（　）に あてはまる 数を 書き, しきに あらわしましょう。

①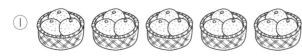

みかんは １かごに（　　）こずつ あります。

かご（　　）つ分で みかんは ぜんぶで（　　）こです。

しき（　　）×（　　）=（　　）

②

花びらは １りんに（　　）まいずつです。

花（　　）りん分では

花びらは ぜんぶで（　　）まいです。

しき（　　）×（　　）=（　　）

2　１はこに チョコレートが ５こずつ 入って います。
8はこでは チョコレートは ぜんぶで 何こに なりますか。
しき

答え _____

3　計算を しましょう。
① 2 × 4　　② 3 × 3　　③ 4 × 6　　④ 5 × 1
⑤ 4 × 2　　⑥ 3 × 8　　⑦ 2 × 7　　⑧ 3 × 6
⑨ 5 × 7　　⑩ 3 × 2　　⑪ 4 × 4　　⑫ 5 × 9

かけ算 ①
まとめ ②

名
前

1　4人で チームを 作って リレーを します。
7チーム 作ると, みんなで 何人に なりますか。
しき

答え _____

2　牛にゅうビンが 8本 あります。1本には 3dL 入って
います。牛にゅうは ぜんぶで 何dL ありますか。
しき

答え _____

3　あつさが 5cmの じてんが 8さつ つんで あります。
高さは ぜんぶで 何cmに なりますか。
しき

答え _____

4　答えが 同じに なる しきを 線で むすびましょう。

5 × 4	3 × 4	4 × 4	4 × 1	3 × 8
●	●	●	●	●

●	●	●	●	●
2 × 8	4 × 5	2 × 6	4 × 6	2 × 2

かけ算 ② (1)
6のだん

名
前

① たこやきが 1パックに 6こずつ 入って います。
　パックの 数が ふえると, たこやきの 数は 何こに なりますか。
　( )に あてはまる 数を 書きましょう。

1パック 　　　　　6 × 1 =( )

2パック 　　　　　6 ×( )=( )

3パック 　　　　　6 ×( )=( )

4パック 　　　　　6 ×( )=( )

【5パック分から 9パック分までの 数を もとめましょう。】

5パック ( )×( )=( )

6パック ( )×( )=( )

7パック ( )×( )=( )

8パック ( )×( )=( )

9パック ( )×( )=( )

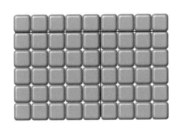

② 6のだんの 九九を れんしゅうしましょう。

ろくいち 六一が 6	ろくろく 六六 36
ろくに 六二 12	ろくしち 六七 42
ろくさん 六三 18	ろくは 六八 48
ろくし 六四 24	ろっく 六九 54
ろくご 六五 30	

れんしゅうした 回数だけ
色を ぬりましょう。

かけ算 ② (2)
6のだん

名
前

① 1はこに えんぴつが 6本ずつ 入って います。

① 5はこでは, えんぴつは 何本に なりますか。
しき

答え ＿＿＿＿＿＿＿＿

② 6はこでは, えんぴつは 何本に なりますか。
しき

答え ＿＿＿＿＿＿＿＿

③ 1はこ ふえると, えんぴつは 何本 ふえますか。

( )

② 6cmの リボンを 8本 作ります。
リボンは 何cm あれば いいですか。
しき

答え ＿＿＿＿＿＿＿＿

③ 6のだんの 九九を つかって, 計算しましょう。

① 6 × 3　　② 6 × 5　　③ 6 × 7

④ 6 × 9　　⑤ 6 × 1　　⑥ 6 × 4

⑦ 6 × 6　　⑧ 6 × 8　　⑨ 6 × 2

ふくしゅう ....

① 5 × 6　　② 3 × 7　　③ 4 × 8

④ 3 × 1　　⑤ 4 × 7　　⑥ 2 × 5

⑦ 4 × 3　　⑧ 5 × 2　　⑨ 5 × 5

⑩ 4 × 9　　⑪ 2 × 3　　⑫ 3 × 9

　(122%に拡大してご使用ください)

かけ算 ② (3)
7のだん

名
前

① バラの　花　7本ずつで　花たばを　作ります。
　花たばの　数が　ふえると, バラの　花の　数は　何本に　なりますか。
　（　）に　あてはまる　数を　書きましょう。

1たば 　　　　　　　　7 × 1 ＝（　　）

2たば 　　　　　　　7 ×（　）＝（　　）

3たば 　　　　　7 ×（　）＝（　　）

4たば 　　　7 ×（　）＝（　　）

【5たば分から　9たば分までの　数を　もとめましょう。】

5たば（　　）×（　　）＝（　　）

6たば（　　）×（　　）＝（　　）

7たば（　　）×（　　）＝（　　）

8たば（　　）×（　　）＝（　　）

9たば（　　）×（　　）＝（　　）

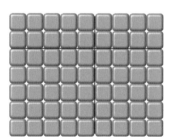

② 7のだんの　九九を　れんしゅうしましょう。

七一が	7	七六	42
七二	14	七七	49
七三	21	七八	56
七四	28	七九	63
七五	35		

れんしゅうした　回数だけ
色を　ぬりましょう。

○ ○ ○ ○
○ ○ ○ ○
○ ○ ○ ○

かけ算 ② (4)
7のだん

名
前

① 1週間は　7日です　4週間では　何日に　なりますか。
しき

答え ＿＿＿＿＿＿＿

② 色紙を　8まい　買います。1まいは　7円です。
ぜんぶで　何円に　なりますか。
しき

答え ＿＿＿＿＿＿＿

③ 水そうに　バケツで　7L ずつ　3回　水を　入れました。
水そうに　入れた　水は, 何L ですか。
しき

答え ＿＿＿＿＿＿＿

④ 7のだんの　九九を　つかって, 計算しましょう。
　① 7 × 4　　② 7 × 6　　③ 7 × 9
　④ 7 × 2　　⑤ 7 × 5　　⑥ 7 × 1
　⑦ 7 × 7　　⑧ 7 × 8　　⑨ 7 × 3

ふくしゅう

　① 6 × 6　　② 6 × 7　　③ 6 × 8
　④ 6 × 1　　⑤ 6 × 2　　⑥ 6 × 5
　⑦ 6 × 3　　⑧ 6 × 4　　⑨ 6 × 9

かけ算 ② (5)
8のだん

名前

1 たこには 足が 8本ずつ あります。
たこの 数が ふえると, 足の 数は 何本に なりますか。
( )に あてはまる 数を 書きましょう。

1ぴき 　　　　8× 1 =( )

2ひき 　　　　8×( )=( )

3びき 　　　　8×( )=( )

4ひき 　　　　8×( )=( )

【5ひき分から 9ひき分までの 数を もとめましょう。】

5ひき ( )×( )=( )

6ぴき ( )×( )=( )

7ひき ( )×( )=( )

8ぴき ( )×( )=( )

9ひき ( )×( )=( )

2 8のだんの 九九を れんしゅうしましょう。

八一が 8　　八六 48
八二 16　　八七 56
八三 24　　八八 64
八四 32　　八九 72
八五 40

れんしゅうした 回数だけ 色を ぬりましょう。

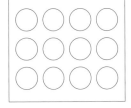

かけ算 ② (6)
8のだん

名前

1 1本が 8cmの リボンを 作ります。
① 5本 作るには リボンは 何cm いりますか。
しき

答え _____

② 5本を 6本に すると, リボンは 何cm 長く いりますか。

( )

2 4人に おり紙を 8まいずつ くばります。
おり紙は 何まい いりますか。
しき

答え _____

3 8のだんの 九九を つかって, 計算しましょう。
① 8×5　　② 8×3　　③ 8×8
④ 8×1　　⑤ 8×9　　⑥ 8×2
⑦ 8×7　　⑧ 8×4　　⑨ 8×6

ふくしゅう

① 7×7　　② 7×5　　③ 7×6
④ 7×8　　⑤ 7×2　　⑥ 7×9
⑦ 7×3　　⑧ 7×1　　⑨ 7×4
⑩ 6×9　　⑪ 6×4　　⑫ 6×8

　（122%に拡大してご使用ください）

かけ算 ② （7）
9のだん

名前

① 1はこに　チョコレートが　9こずつ　入って　います。
　はこの　数が　ふえると, チョコレートの　数は　何こに　なりますか。
　（　）に　あてはまる　数を　書きましょう。

 1はこ　　　　　　　　　　　　9 × 1 ＝（　）

 2はこ　　　　　　　　　　　　9 ×（　）＝（　）

 3はこ　　　　　　　　　　　　9 ×（　）＝（　）

 4はこ　　　　　　　　　　　　9 ×（　）＝（　）

【5はこ分から　9はこ分までの　数を　もとめましょう。】

5はこ　（　）×（　）＝（　）

6はこ　（　）×（　）＝（　）

7はこ　（　）×（　）＝（　）

8はこ　（　）×（　）＝（　）

9はこ　（　）×（　）＝（　）

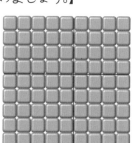

② 9のだんの　九九を　れんしゅうしましょう。

九一が	9	九六	54
九二	18	九七	63
九三	27	九八	72
九四	36	九九	81
九五	45		

れんしゅうした　回数だけ
色を　ぬりましょう。

かけ算 ② （8）
9のだん

名前

① 1に　9円の　あめを　6こ　買います。
　ぜんぶで　何円に　なりますか。
　しき

答え＿＿＿＿＿＿

② 9cmの　5ばいは　何cmですか。
　しき

答え＿＿＿＿＿＿

③ 9のだんの　九九を　つかって, 計算しましょう。

① 9 × 3　　　② 9 × 5　　　③ 9 × 9

④ 9 × 1　　　⑤ 9 × 4　　　⑥ 9 × 7

⑦ 9 × 8　　　⑧ 9 × 6　　　⑨ 9 × 2

ふくしゅう

8のだん
① 8 × 4　　　② 8 × 6　　　③ 8 × 7
④ 8 × 3　　　⑤ 8 × 5　　　⑥ 8 × 9
⑦ 8 × 8　　　⑧ 8 × 1　　　⑨ 8 × 2

7のだん
① 7 × 6　　　② 7 × 4　　　③ 7 × 1
④ 7 × 2　　　⑤ 7 × 5　　　⑥ 7 × 8
⑦ 7 × 7　　　⑧ 7 × 9　　　⑨ 7 × 3

6のだん
① 6 × 4　　　② 6 × 5　　　③ 6 × 1
④ 6 × 2　　　⑤ 6 × 7　　　⑥ 6 × 9
⑦ 6 × 8　　　⑧ 6 × 3　　　⑨ 6 × 6

かけ算 ②（9）
1のだん
名前

① パンと ジュースを 5人に 同じ 数ずつ くばります。
　下の 絵を 見て, パンの 数と ジュースの 数を それぞれ
もとめましょう。

① パンは ぜんぶで 何こに なりますか。

しき

答え ＿＿＿＿＿＿＿＿

② ジュースは ぜんぶで 何本に なりますか。

しき

答え ＿＿＿＿＿＿＿＿

③ 人数が ふえると, ジュースの 数は 何本に なりますか。
　（　）に あてはまる 数を 書きましょう。

6人 （　）×（　）＝（　）

7人 （　）×（　）＝（　）

8人 （　）×（　）＝（　）　　

9人 （　）×（　）＝（　）

② 1のだんの 九九を れんしゅうしましょう。

一一が	1	一六が	6
一二が	2	一七が	7
一三が	3	一八が	8
一四が	4	一九が	9
一五が	5		

れんしゅうした 回数だけ
色を ぬりましょう。

 かけ算 ②（10）
6のだん〜9のだん
名前

① 計算を しましょう。

① 6×2　　② 7×1　　③ 9×4

④ 8×5　　⑤ 6×5　　⑥ 8×7

⑦ 9×8　　⑧ 7×3　　⑨ 8×2

⑩ 6×6　　⑪ 9×1　　⑫ 7×9

⑬ 8×4　　⑭ 7×6　　⑮ 9×5

⑯ 9×3　　⑰ 6×4　　⑱ 8×8

⑲ 6×9　　⑳ 7×7　　㉑ 9×9

② 絵を 見て, かけ算の もんだいを つくりましょう。

＿＿＿＿＿＿＿＿＿＿＿＿＿＿＿＿＿＿＿＿

1 計算を しましょう。

① 7 × 2　　　② 8 × 3　　　③ 9 × 9

④ 9 × 7　　　⑤ 6 × 3　　　⑥ 8 × 1

⑦ 6 × 1　　　⑧ 7 × 5　　　⑨ 7 × 6

⑩ 9 × 3　　　⑪ 8 × 4　　　⑫ 7 × 8

⑬ 6 × 7　　　⑭ 8 × 6　　　⑮ 6 × 9

⑯ 9 × 2　　　⑰ 6 × 8　　　⑱ 7 × 9

⑲ 7 × 4　　　⑳ 8 × 9　　　㉑ 9 × 6

2 答えが 同じに なる しきを 線で むすびましょう。

| 7 × 3 | 8 × 2 | 9 × 4 | 6 × 2 | 6 × 4 |

| 6 × 6 | 3 × 7 | 3 × 4 | 8 × 3 | 4 × 4 |

● 九九の ひょうを 見て 答えましょう。

		かける数								
		1	2	3	4	5	6	7	8	9
かけられる数	1	1	2	3	4	5	6	7	8	9
	2	2	4	6	8	10	12	14	㋐	18
	3	3	6	9	12	15	18	21	24	27
	4	4	8	12	16	㋑	24	28	32	36
	5	5	10	15	20	25	30	35	40	45
	6	6	12	18	24	30	36	㋒	48	54
	7	7	14	21	28	35	42	49	56	63
	8	8	16	24	32	㋓	48	56	64	72
	9	9	18	27	36	45	54	63	㋔	81

① 九九の ひょうの ㋐〜㋔の 数を 書きましょう。

㋐（　　　）　㋑（　　　）　㋒（　　　）

㋓（　　　）　㋔（　　　）

② 答えが つぎの 数に なる 九九を ぜんぶ 書きましょう。

8 （　　　）（　　　）（　　　）（　　　）

9 （　　　）（　　　）（　　　）

12 （　　　）（　　　）（　　　）（　　　）

18 （　　　）（　　　）（　　　）（　　　）

24 （　　　）（　　　）（　　　）（　　　）

36 （　　　）（　　　）（　　　）

かけ算 ② (13)
九九の ひょうと きまり

名
前

1 （　）に あてはまる ことばや 数を，下の □ から
えらんで 書きましょう。

① かける数が 1 ふえると，答えは （　　　　　　）だけ
ふえます。

② 3のだんでは，かける数が 1 ふえると，答えは （　　）
ふえます。

③ 7のだんでは，かける数が 1 ふえると，答えは （　　）
ふえます。

④ かけ算では，（　　　　　）と かけられる数を 入れかえて
計算しても，答えは 同じです。

⑤ 2のだんの 答えと 4のだんの 答えを たすと，
（　　　）のだんの 答えに なります。

> かけられる数 ・ かける数 ・ 2・3・4・5・6・7

2 （　）に あてはまる 数を 書きましょう。
① 4 × 5 ＝（　）× 4
② 7 × 8 ＝ 8 ×（　）
③ （　）× 8 ＝ 8 × 6
④ 5 ×（　）＝ 9 × 5
⑤ 4 × 9 ＝ 4 × 8 ＋（　）
⑥ 7 × 5 ＝ 7 × 4 ＋（　）

かけ算 ② (14)
九九の ひょうと きまり

名
前

1 答えが つぎの 数に なる 九九を ぜんぶ 書きましょう。
① 6 （　　）（　　）（　　）（　　）
② 16 （　　）（　　）（　　）
③ 25 （　　）
④ 28 （　　）（　　）

2 （　）に あてはまる ことばや 数を 書きましょう。
① かけ算では かける数と （　　　　　　）を 入れかえて
計算しても 答えは 同じです。

② 9のだんでは，かける数が 1 ふえると，答えは （　　）
ふえます。

③ 4×3の 答えは 4×2の 答えより （　　）大きい
です。

④ 7×6の 答えは 7×7の 答えより （　　）小さい
です。

3 （　）に あてはまる 数を 書きましょう。
① 4 × 7 ＝（　）× 4
② 9 × 6 ＝ 6 ×（　）
③ 3 × 8 ＝ 3 × 7 ＋（　）
④ 6 × 5 ＝ 6 × 4 ＋（　）
⑤ 4 × 6 ＝ 4 × 7 －（　）
⑥ 8 × 5 ＝ 8 × 6 －（　）

かけ算 ② (15)
九九の ひょうと きまり

名
前

● みかんは ぜんぶで 何こ ありますか。

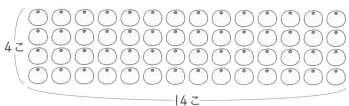

4こ

14こ

① みかんの 数を たて 4 この 14 こ分と みて, しきを 書きましょう。

しき 　□ × □

② 4×14 の 答えの もとめ方を 考えましょう。
（　　）に あてはまる 数を 書きましょう。

【あみさんの 考え】

	かける数							
	7	8	9	10	11	12	13	14
4のだん	28	32	36	(　)	(　)	(　)	(　)	(　)

　　4　4　4　4　4　4　4

【けんさんの 考え】

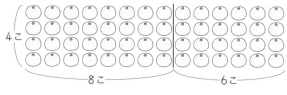

4こ

8こ　　　6こ

　　4 × 8 = (　　　)　　　4 × (　　) = (　　　)

　　あわせると, (　　　) + (　　　) = (　　　)

③ みかんの 数は ぜんぶで 何こですか。 答えを 書きましょう。
（　　　　　）

かけ算 ② (16)
図や しきを つかって

名
前

● はこに チョコレートは 何こ ありますか。

① 3人の 考えに そって,（　　）に あてはまる 数を 書きましょう。

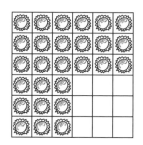

【ひできさんの 考え】

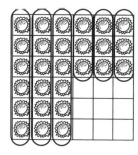

6 こずつが 3 れつと
3 こずつが 3 れつ ならんで います。

6 × (　　) = (　　)

3 × (　　) = (　　)

あわせると, (　　) + (　　) = (　　)

【みなみさんの 考え】

はこの ぜんぶに 入って いれば
6 この 6 れつで, 6 × (　　) = (　　)

入って いないのは
3 この 3 れつで, 3 × (　　) = (　　)

36 − (　　) = (　　)

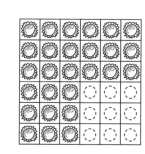

【たいちさんの 考え】

3つの まとまりに 分けると,
その 1つは, 3 × (　　) = 9

9 が 3つ分 あるので,

9 × (　　) = (　　)

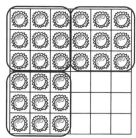

② チョコレートは ぜんぶで 何こ ありますか。

（　　　　　）

かけ算 ②
まとめ ①

名
前

① やきゅうの しあいは, 1チーム 9人です。

① 6チームでは みんなで 何人に なりますか。

しき

答え ＿＿＿＿＿＿＿＿＿

② 7チームでは みんなで 何人に なりますか。

しき

答え ＿＿＿＿＿＿＿＿＿

③ 1チーム ふえると, 何人 ふえましたか。

（　　　　　）

② テープを 5本 作ります。 1本は 8cmに します。
テープは ぜんぶで 何cm いりますか。

しき

答え ＿＿＿＿＿＿＿＿＿

③ 計算を しましょう。

① 8 × 6　　　② 9 × 3　　　③ 7 × 4

④ 6 × 4　　　⑤ 9 × 8　　　⑥ 8 × 3

⑦ 7 × 6　　　⑧ 6 × 9　　　⑨ 7 × 8

⑩ 8 × 8　　　⑪ 7 × 3　　　⑫ 9 × 4

かけ算 ②
まとめ ②

名
前

① 右の 九九の ひょうを 見て 答えましょう。

	かける数										
	1	2	3	4	5	6	7	8	9	10	11
1	1	2	3	4	5	6	7	㋐	9		
2	2	4	6	8	10	12	14	16	18		
3	3	6	9	12	15	㋑	21	24	27		㋕
4	4	8	12	16	20	24	28	32	36		
5	5	10	15	20	25	30	35	40	㋒		
6	6	12	18	24	30	36	42	48	54		
7	7	14	21	㋓	35	42	49	56	63		
8	8	16	24	32	40	48	56	64	72		
9	9	18	27	36	45	㋔	63	72	81		
10											
11			㋖								

（かけられる数）

① ㋐〜㋖に あてはまる 数を 書きましょう。

㋐（　　）

㋑（　　）

㋒（　　）

㋓（　　）

㋔（　　）

㋕（　　）

㋖（　　）

② 答えが つぎの 数に なる 九九を ぜんぶ 書きましょう。

6 （　　　）（　　　）（　　　）（　　　）

12 （　　　）（　　　）（　　　）（　　　）

24 （　　　）（　　　）（　　　）（　　　）

36 （　　　）（　　　）（　　　）

② （　）に あてはまる 数を 書きましょう。

① 8 × 3 ＝（　）× 8

② 7 × 5 ＝ 5 ×（　）

③ 6 × 8 ＝ 6 × 7 ＋（　）

④ 8 × 9 ＝ 8 × 8 ＋（　）

⑤ 9 × 7 ＝ 9 × 8 －（　）

　（ 122%に拡大してご使用ください ）

10000 までの 数 (1)

名前

● つぎの 数に ついて, (　)に あてはまる 数字を 書きましょう。

(1)

千のくらい	百のくらい	十のくらい	一のくらい
		10	1
		10	1
1000		10	1
1000	100	10	1　1
1000	100	10	1　1

① 三千二百五十七を 数字で 書くと (　　　　　) です。

② 千のくらいの 数字は (　　),
百のくらいの 数字は (　　), 十のくらいの 数字は (　　),
一のくらいの 数字は (　　) です。

(2)

千のくらい	百のくらい	十のくらい	一のくらい
1000			1
1000			1
1000		10	1
1000		10	1

① 四千二十五を 数字で 書くと (　　　　　) です。

② 千のくらいの 数字は (　　),
百のくらいの 数字は (　　), 十のくらいの 数字は (　　),
一のくらいの 数字は (　　) です。

ふくしゅう ....

● (　)に あてはまる 数を 書きましょう。

① 3cm5mm = (　　)mm　② 7cm = (　　)mm

③ 10cm4mm = (　　)mm

④ 58mm = (　　)cm(　　)mm　⑤ 80mm = (　　)cm

10000 までの 数 (2)

名前

1 つぎの 数を 読んで, かん字で 書きましょう。

① 2685　(　　　　　　　　　　)

② 1270　(　　　　　　　　　　)

③ 9043　(　　　　　　　　　　)

④ 6008　(　　　　　　　　　　)

2 つぎの 数を 数字で 書きましょう。

① 五千七百六十二　(　　　　　　　　)

② 千八百四十三　(　　　　　　　　)

③ 二千五十九　(　　　　　　　　)

④ 三千百七十　(　　　　　　　　)

⑤ 七千八　(　　　　　　　　)

⑥ 五千　(　　　　　　　　)

⑦ 千百　(　　　　　　　　)

⑧ 千十　(　　　　　　　　)

ふくしゅう ....

① 4cm4mm + 2cm

② 3cm + 6cm2mm

③ 6cm2mm + 3cm5mm

④ 6cm7mm − 4cm

⑤ 8cm9mm − 4mm

⑥ 6cm8mm − 5cm3mm

10000 までの 数 (3)

名前

① 下の カードは いくつを あらわして いますか。（　）に あてはまる 数を 書きましょう。

千のくらい	百のくらい	十のくらい	一のくらい
1000 1000 1000	100 100 100 100 100 100 100 100 100 100 100 100 100 100		1 1 1 1 1　　1

①　100 が （　　　）こ あります。100 は （　　）こで 1000 に なります。

②　上の カードの 数は （　　　　　　）です。

② 3024を 数の カードで あらわしましょう。

千のくらい	百のくらい	十のくらい	一のくらい

ふくしゅう

●（　）に あてはまる 数を 書きましょう。

①　1L =（　　　　）mL　　②　1L =（　　　　）dL

③　1L2dL =（　　　　）dL　　④　3L7dL =（　　　　）dL

⑤　15dL =（　　）L（　　）dL

⑥　34dL =（　　）L（　　）dL　　⑦　1dL =（　　　　）mL

10000 までの 数 (4)

名前

●（　）に あてはまる 数を 書きましょう。

①　1000を 7こ, 100を 4こ, 10を 6こ, 1を 2こ あわせた 数は,（　　　　　　）です。

②　1000を 8こ, 1を 7こ あわせた 数は,（　　　　　　） です。

③　7359は, 1000を （　　）こ, 100を （　　）こ, 10を （　　）こ, 1を （　　）こ あわせた 数です。

④　5063は, 1000を （　　）こ, 10を （　　）こ, 1を （　　）こ あわせた 数です。

⑤　9007は, 1000を （　　）こ, 1を （　　）こ あわせた 数です。

⑥　千のくらいが 4, 百のくらいが 0, 十のくらいが 8, 一のくらいが 0の 数は,（　　　　　　）です。

⑦　千のくらいと 百のくらいが 9, 十のくらいと 一のくらいが 0の 数は,（　　　　　　）です。

ふくしゅう

①　2L4dL ＋ 2L　　　　②　3dL ＋ 1L4dL
③　1L5dL ＋ 5dL　　　④　4L7dL － 3L
⑤　3L8dL － 2dL　　　⑥　1L6dL － 6dL
⑦　3L8dL － 3L　　　　⑧　1L － 7dL

10000 までの 数 (5)

名前

① 100を つぎの 数だけ あつめた 数は いくつですか。

（　）に あてはまる 数を 書きましょう。

① 100を 16こ あつめた 数

100が 10こで （　　　）

100が 6こで （　　　） ＞ 100が 16こで （　　　）

② 100を 27こ あつめた 数は，（　　　）です。

③ 100を 31こ あつめた 数は，（　　　）です。

② つぎの 数は，100を 何こ あつめた 数ですか。

（　）に あてはまる 数を 書きましょう。

① 1400

1000は 100が （　　）こ

400は 100が （　　）こ ＞ 1400は 100が （　　）こ

② 2400は，100を （　　）こ あつめた 数です。

③ 4700は，100を （　　）こ あつめた 数です。

ふくしゅう ....

① 43 + 26　　② 4 + 41　　③ 37 + 46　　④ 58 + 9

10000 までの 数 (6)

名前

① 下の 数の線の ⑦〜⑨に あたる 数を 書きましょう。

①

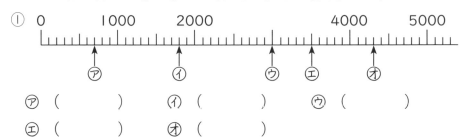

⑦（　　　）　　④（　　　）　　⑨（　　　）

⑤（　　　）　　⑨（　　　）

②

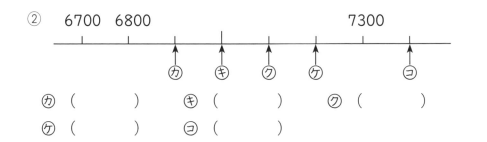

⑦（　　　）　　④（　　　）　　⑨（　　　）

⑤（　　　）　　⑨（　　　）

③

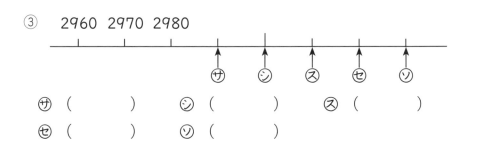

⑦（　　　）　　④（　　　）　　⑨（　　　）

⑤（　　　）　　⑨（　　　）

② どちらの 数が 大きいですか。

（　）に ＞か ＜を 書きましょう。

① 4789 （　）4798　　② 8001 （　）7999

③ 5899 （　）5982　　④ 2799 （　）2801

10000 までの 数 (7)

名前

1　（　）に あてはまる 数を 書きましょう。

① 千を （　　　）こ あつめた 数を 一万と いい，
（　　　　　）と 書きます。

② 10000は，100を （　　　　）こ あつめた 数です。

③ 10000より 1000 小さい 数は，（　　　　）です。

④ 10000より 100 小さい 数は，（　　　　）です。

⑤ 10000より 10 小さい 数は，（　　　　）です。

⑥ 10000より 1 小さい 数は，（　　　　）です。

2　計算を しましょう。

① 300 ＋ 700　　　② 800 ＋ 600

③ 1000 － 500　　④ 1200 － 800

ふくしゅう

① 78 － 42　② 62 － 49　③ 90 － 66　④ 42 － 5

● 赤い 花と 黄色い 花が あわせて 92本 さいて います。
そのうち 48本は 赤い 花です。黄色い 花は 何本ですか。

しき

答え ＿＿＿＿＿＿＿＿

10000 までの 数 (8)

名前

1　下の 数の線の ⑦〜④に あたる 数を 書きましょう。

①

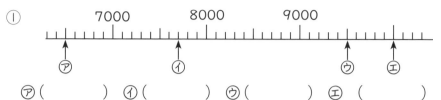

⑦ （　　　　）　⑦ （　　　　）　⑦ （　　　　）　⑦ （　　　　）

②

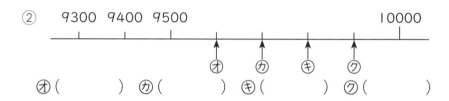

⑦ （　　　　）　⑦ （　　　　）　⑦ （　　　　）　⑦ （　　　　）

③

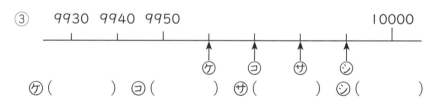

⑦ （　　　　）　⑦ （　　　　）　⑦ （　　　　）　⑦ （　　　　）

④

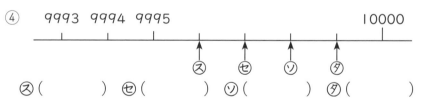

⑦ （　　　　）　⑦ （　　　　）　⑦ （　　　　）　⑦ （　　　　）

ふくしゅう

● はたけの トマトが きのうは 46こ，今日は 61こ とれました。
今日は きのうより 何こ 多く とれましたか。

しき

答え ＿＿＿＿＿＿＿＿

10000 までの 数 (9)

名前

● つぎの 数を 下の 数の線に ↑で 書き入れ, (　　) に
あてはまる 数を 書きましょう。

(1) 4700

① 4700を あらわす めもりに ↑を 書きましょう。

2000　　3000　　4000　　5000

② 4700は, (　　　　) と 700を あわせた 数です。

③ 4700は, 5000より (　　) 小さい 数です。

④ 4700は, 100を (　　　) こ あつめた 数です。

(2) 3200

① 3200を あらわす めもりに ↑を 書きましょう。

2000　　3000　　4000　　5000

② 3200は, 3000と (　　) を あわせた 数です。

③ 3200は, 4000より (　　) 小さい 数です。

④ 3200は, 100を (　　　) こ あつめた 数です。

ふくしゅう

① 71 − 24　　② 80 − 68　　③ 63 − 6　　④ 40 − 7

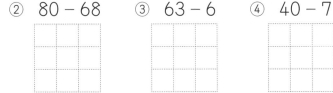

10000 までの 数

まとめ ①

名前

1 つぎの 数を 数字で 書きましょう。

① 三千五百七十八　　　(　　　　　　)

② 二千六百　　　　　　(　　　　　　)

③ 千七十一　　　　　　(　　　　　　)

④ 十千十六　　　　　　(　　　　　　)

⑤ 九千百　　　　　　　(　　　　　　)

⑥ 一万　　　　　　　　(　　　　　　)

2 下の 数の線の (　　) に あてはまる 数を 書きましょう。

① 7500　7600　7700

② 4960　4970
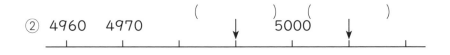

③ 9960　9970

④ 9996　9997

10000 までの 数
まとめ ②

名
前

月　　日

① つぎの 数を （　　）に 数字で 書きましょう。

① 1000を 7こ，100を 5こ，10を 9こ，1を 2こ
　あわせた 数 　　　　　　　　　　　　　　（　　　　　）

② 1000を 6こ，10を 8こ あわせた 数 （　　　　　）

③ 1000を 5こ，1を 7こ あわせた 数 （　　　　　）

④ 100を 26こ あつめた 数 　　　　　　（　　　　　）

⑤ 1000を 10こ あつめた 数 　　　　　　（　　　　　）

② どちらの 数が 大きいですか。＜か ＞を つかって
あらわしましょう。

① 5000 （　　　） 4999　　② 3299 （　　　） 3301

③ 8251 （　　　） 8249　　④ 9998 （　　　） 10000

③ つぎの 数に ついて，（　　）に あてはまる 数を 書きましょう。

(1) 5900

① 5900は，（　　　　　）と 900を あわせた 数です。

② 5900は，6000よりも （　　　） 小さい 数です。

③ 5900は，100を （　　　）こ あつめた 数です。

(2) 9600

① 9600は，9000と （　　　　） を あわせた 数です。

② 9600は，10000より （　　　） 小さい 数です。

③ 9600は，100を （　　　　） こ あつめた 数です。

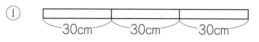

長い 長さ（1）

名
前

月　　日

① （　　　）に あてはまる 数を 書きましょう。

①
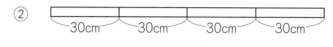

30cmが 3つ分で （　　　　）cm です。

②

30cmが 4つ分で （　　　　）cm です。

③ 1m ＝（　　　　　）cm

② 下の 図は 1mの ものさしです。左はしから，⑦～⑦までの
長さは，それぞれ 何cmですか。

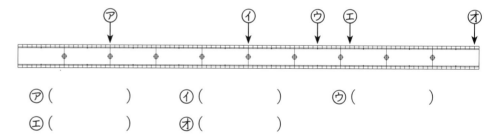

⑦（　　　　　）　　　⑦（　　　　　）　　　⑦（　　　　　）

⑦（　　　　　）　　　⑦（　　　　　）

ふくしゅう ....

● （　　　）に あてはまる 数を 書きましょう。

① 4cm ＝（　　　　　）mm　　② 6cm4mm ＝（　　　　　）mm

③ 10cm ＝（　　　　　）mm　　④ 47mm ＝（　　）cm（　　）mm

⑤ 90mm ＝（　　）cm　　　　⑥ 102mm ＝（　　）cm（　　）mm

長い 長さ (2)

名前

月 日

● つぎの テープの 長さを 書きましょう。

①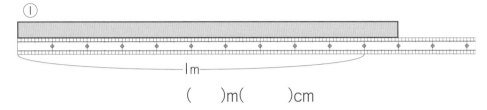

　　　　　　Im
(　　)m(　　)cm

②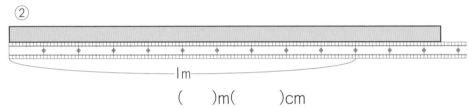

　　　　　　Im
(　　)m(　　)cm

③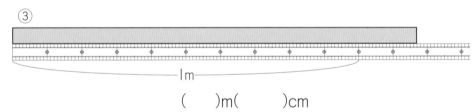

　　　　　　Im
(　　)m(　　)cm

④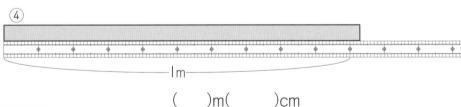

　　　　　　Im
(　　)m(　　)cm

ふくしゅう

① 6cm2mm + 5mm 　　　② 5cm2mm + 2cm

③ 6cm3mm + 7mm 　　　④ 7cm4mm − 4cm

⑤ 8cm7mm − 7mm 　　　⑥ 10cm5mm − 5cm

長い 長さ (3)

名前

月 日

● (　　)に あてはまる 数を 書きましょう。

① Im = (　　　　)cm

② 2m = (　　　　)cm

③ Im80cm = (　　　　)cm

④ 2m45cm = (　　　　)cm

⑤ 3m8cm = (　　　　)cm

⑥ 300cm = (　　　)m

⑦ 260cm = (　　　)m(　　　)cm

⑧ 195cm = (　　　)m(　　　)cm

⑨ 273cm = (　　　)m(　　　)cm

⑩ 109cm = (　　　)m(　　　)cm

ふくしゅう

① 73 + 65 　② 46 + 98 　③ 67 + 83 　④ 67 + 39

● おり紙で わかざりを 76こ 作りました。後から, また 8こ 作りました。わかざりは ぜんぶで 何こ できましたか。

しき

答え ＿＿＿＿＿＿＿

長い 長さ（4）

名
前

① （　）に あてはまる 長さの たんい（m, cm, mm）を
書きましょう。

① 電車 １りょうの 長さ　　　　　20（　　）

② 教科書の あつさ　　　　　　　　5（　　）

③ 学校の つくえの 高さ　　　　　50（　　）

④ プールの ふかさ　　　　　　　　１（　　）

② テープの 長さを ｍや ｃｍで あらわしましょう。

①
1240mm

1240mm ＝（　　　　　）cm

1240mm ＝（　　）m（　　）cm

m	cm		mm
1	2	4	0

②
2170mm

2170mm ＝（　　　　　）cm

2170mm ＝（　　）m（　　）cm

m	cm		mm
2	1	7	0

ふくしゅう

①78＋54　　②59＋86　　③57＋48　　④96＋7

長い 長さ（5）

名
前

① よこの 長さの ちがう ２台の テーブルが あります。

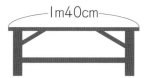　
1m40cm　　　　　1m

① ２台の テーブルの よこの 長さの ちがいは 何cm ですか。
しき

答え＿＿＿＿＿＿＿＿＿＿＿

② ２台の テーブルを あわせると, 何m何cmに なりますか。
しき

答え＿＿＿＿＿＿＿＿＿＿＿

② 計算を しましょう。

① 2m40cm ＋ 30cm

② 4m ＋ 50cm

③ 1m30cm ＋ 1m20cm

④ 1m80cm － 50cm

⑤ 2m30cm － 30cm

ふくしゅう

①126－45　　②132－76　　③107－39　　④104－9

長い 長さ

まとめ

名
前

1　つぎの テープの 長さは 何m何cm ですか。
　また, それは 何cm ですか。

①
（　）m（　）cm, （　　　）cm

②
（　）m（　）cm, （　　　）cm

2　つぎの 長さを 長い じゅんに 書きましょう。
① | 2m15cm　　2m　　205cm |
　（　　　　　）→（　　　　　）→（　　　　　）
② | 1m3cm　　133cm　　1m30cm |
　（　　　　　）→（　　　　　）→（　　　　　）

3　（　）に あてはまる 長さの たんい（m, cm, mm）を
　書きましょう。
① プールの たての 長さ　　　25（　）
② 子どもの しん長　　　　　1（　）25（　）
③ 切手の たての 長さ　　　25（　）
④ ノートの たての 長さ　　　25（　）

図を つかって 考えよう（1）

名
前

● 体いくかんに 16人 います。後から 何人か 来たので,
みんなで 31人に なりました。後から 来たのは 何人ですか。

① 下の 図の （　）に 数を 書きましょう。

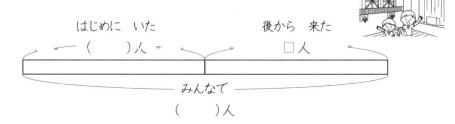

はじめに いた　　　　　　後から 来た
　　　（　）人　　　　　　　□人
──────── みんなで ────────
　　　　　　（　）人

② 上の 図を 見て, しきと 答えを 書きましょう。
しき

答え _____

ふくしゅう ....
① 6 × 7　　② 5 × 2　　③ 1 × 9
④ 9 × 2　　⑤ 2 × 4　　⑥ 6 × 3
⑦ 4 × 5　　⑧ 7 × 1　　⑨ 8 × 4
⑩ 3 × 3　　⑪ 4 × 6　　⑫ 9 × 7
⑬ 7 × 4　　⑭ 9 × 8　　⑮ 8 × 8
⑯ 3 × 8　　⑰ 6 × 9　　⑱ 7 × 9

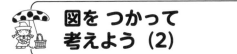

図を つかって 考えよう（2）

名
前

● ゼリーが 何こか あります。24こ くばったので, のこりが 7こに なりました。ゼリーは, はじめ 何こ ありましたか。

① 下の 図の （　）に 数を 書きましょう。

はじめに あった
□こ

くばった
（　　）こ

のこり
（　　）こ

② 上の 図を 見て, しきと 答えを 書きましょう。

しき

答え

ふくしゅう

① 2×6　　② 8×3　　③ 5×8

④ 1×7　　⑤ 3×5　　⑥ 5×6

⑦ 4×9　　⑧ 7×7　　⑨ 8×2

⑩ 6×9　　⑪ 9×5　　⑫ 8×7

⑬ 6×6　　⑭ 5×3　　⑮ 7×4

⑯ 6×8　　⑰ 8×5　　⑱ 6×4

図を つかって 考えよう（3）

名
前

● 公園に 何人か います。後から 5人 来たので, みんなで 22人に なりました。はじめに いたのは 何人ですか。

① □ の ことばを つかって, 図を かんせいさせましょう。

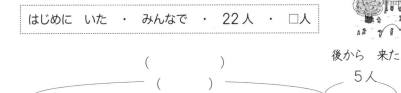

はじめに いた ・ みんなで ・ 22人 ・ □人

後から 来た
5人

（　　　　）
（　　　　）
（　　　　）
（　　　　）

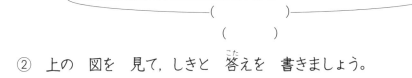

② 上の 図を 見て, しきと 答えを 書きましょう。

しき

答え

ふくしゅう

● 1さらに たこやきが 6こずつ 入って います。 4さらでは, たこやきは 何こに なりますか。

しき

答え

● はこが 6はこ あります。どれにも ケーキが 2こずつ 入って います。ケーキは ぜんぶで 何こ ありますか。

しき

答え

図を つかって 考えよう（4）

名
前

● ロープが 85cm あります。何cmか つかったので, のこりが
8cmに なりました。つかった ロープは 何cmですか。

① ▢の ことばを つかって, 図を かんせいさせましょう。

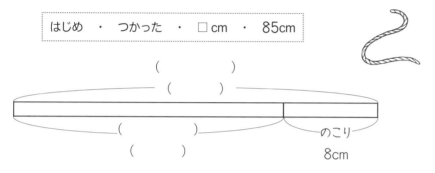

> はじめ ・ つかった ・ □cm ・ 85cm

（　　　　　）
（　　　　　）
（　　　　）　のこり
（　　　　）　8cm

② 上の 図を 見て, しきと 答えを 書きましょう。

しき

答え ＿＿＿＿＿＿＿＿＿＿

ふくしゅう
┈┈┈┈┈┈┈┈┈┈┈┈┈┈┈┈┈┈┈┈┈┈┈┈┈

● 高さ 5cmの つみ木を 8こ つみます。
高さは ぜんぶで 何cmに なりますか。
しき

答え ＿＿＿＿＿＿＿＿＿

● びんが 9本 あります。どれにも ジュースが 4dL ずつ
入って います。 ジュースは ぜんぶで 何dL ありますか。
しき

答え ＿＿＿＿＿＿＿＿＿

図を つかって 考えよう

まとめ ①

名
前

① 色紙を 18まい もって いました。何まいか もらったので
色紙は ぜんぶで 32まいに なりました。 もらった 色紙は
何まいですか。

① ▢の ことばを つかって, 図を かんせいさせましょう。

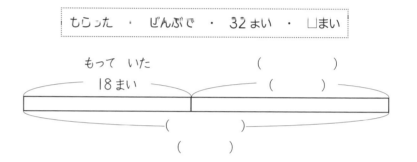

> もらった ・ ぜんぶで ・ 32まい ・ □まい

もって いた （　　　　　）
18まい （　　　　　）
（　　　　）

② 上の 図を 見て, しきと 答えを 書きましょう。
しき

答え ＿＿＿＿＿＿＿＿＿

② いちごが 何こか あります。みんなで 18こ 食べたので
のこりが 12こに なりました。いちごは はじめに 何こ
ありましたか。

はじめ □こ
食べた18こ　　　のこり12こ

しき

答え ＿＿＿＿＿＿＿＿＿

図を つかって 考えよう
まとめ ②

名前

① シールが 96まい ありました。何まいか つかったので
のこりが 28まいに なりました。何まい つかいましたか。

① □ の ことばを つかって，図を かんせいさせましょう。

| つかった ・ はじめ ・ 96まい ・ □まい |

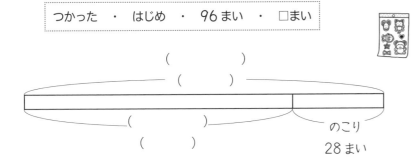

（　　　　　）
（　　　　　）
（　　　　　）
（　　　　　）
のこり
28まい

② 上の 図を 見て，しきと 答えを 書きましょう。

しき

答え _____

② テープが 15cm あります。何cmか つないだので
あわせて 24cmに なりました。何cm つなぎましたか。
（つなぎめの 長さは 考えません。）

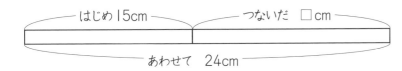

はじめ15cm　　つないだ □cm
あわせて 24cm

しき

答え _____

分数（1）

名前

① 色の ついた ところが もとの 大きさの $\frac{1}{2}$ に なって
いるのは どれですか。（　）に ○を つけましょう。

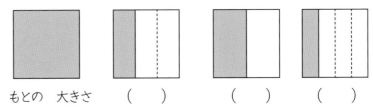

もとの 大きさ　　（　）　　　（　）　　　（　）

② $\frac{1}{2}$ の 大きさに 色を ぬりましょう。

① 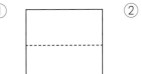　② 　③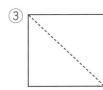

③ 色の ついた ところが もとの 長さの $\frac{1}{2}$ に なって いるのは
どれですか。（　）に ○を つけましょう。

もとの 長さ
ア（　）
イ（　）
ウ（　）

ふくしゅう ....

① 72 ＋ 94　　② 39 ＋ 76　　③ 67 ＋ 83　　④ 29 ＋ 76

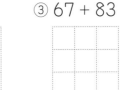

 分数 (2)

名
前

① 色の ついた ところの 大きさは もとの 大きさの
何分の一ですか。

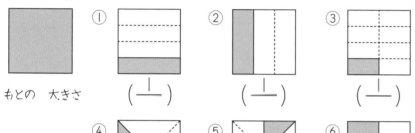

もとの 大きさ

① $\left(\dfrac{1}{}\right)$　② $\left(\dfrac{1}{}\right)$　③ $\left(\dfrac{1}{}\right)$

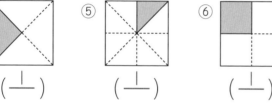

④ $\left(\dfrac{1}{}\right)$　⑤ $\left(\dfrac{1}{}\right)$　⑥ $\left(\dfrac{1}{}\right)$

② 色の ついた ところは もとの 長さの 何分の一ですか。

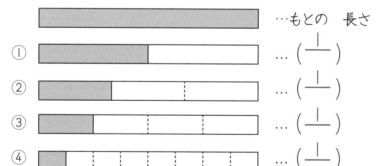

…もとの 長さ

① …$\left(\dfrac{1}{}\right)$

② …$\left(\dfrac{1}{}\right)$

③ …$\left(\dfrac{1}{}\right)$

④ …$\left(\dfrac{1}{}\right)$

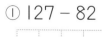 ふくしゅう

① 127 - 82　② 131 - 66　③ 107 - 68　④ 102 - 5

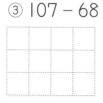　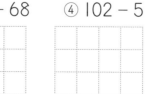

 分数 (3)

名
前

① つぎの 大きさに 色を ぬりましょう。

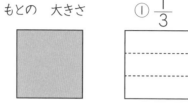

もとの 大きさ　① $\dfrac{1}{3}$　② $\dfrac{1}{4}$　③ $\dfrac{1}{8}$

② つぎの 長さに 色を ぬりましょう。

もとの 長さ

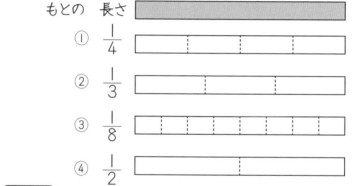

① $\dfrac{1}{4}$

② $\dfrac{1}{3}$

③ $\dfrac{1}{8}$

④ $\dfrac{1}{2}$

ふくしゅう

● つぎの テープの 長さは 何m何cmですか。
また, それは 何cmですか。

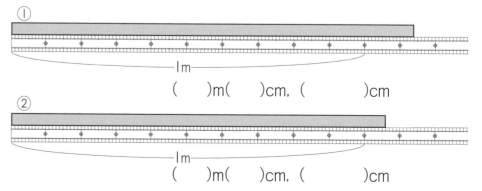

① 1m
　(　)m(　)cm, (　　)cm

② 1m
　(　)m(　)cm, (　　)cm

● 2人の テープの 長さを くらべましょう。

(1) け ん

あ や

① けんさんの テープの 長さは，あやさんの テープの 長さの
何ばいですか。　　　　　　　　　　　　　　　　（　　　）ばい

② あやさんの テープの 長さは，けんさんの テープの 長さの
何分の一ですか。　　　　　　　　　　　　　　（　$\frac{\quad}{\quad}$　）

(2) まさし

も え

① まさしさんの テープの 長さは，もえさんの テープの
長さの 何分の一ですか。　　　　　　　　　（　$\frac{\quad}{\quad}$　）

② もえさんの テープの 長さは，まさしさんの テープの
長さの 何ばいですか。　　　　　　　　　　　（　　　）ばい

ふくしゅう
....

● つぎの 水の かさを ㋐，㋑，㋒の あらわし方で 書きましょう。

①

㋐（　　　）L　㋑（　　　）dL　㋒（　　　）mL

②

㋐（　　　）L（　　　）dL
㋑（　　　）dL　㋒（　　　）mL

１ （　　）に あてはまる 数を 書きましょう。

①

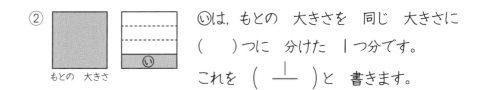

もとの 大きさ

㋐は，もとの 大きさを 同じ 大きさに
（　　）つに 分けた 1つ分です。
これを （　$\frac{\quad}{\quad}$　）と 書きます。

②

もとの 大きさ

㋑は，もとの 大きさを 同じ 大きさに
（　　）つに 分けた 1つ分です。
これを （　$\frac{\quad}{\quad}$　）と 書きます。

２ 色の ついた ところの 大きさは，もとの 大きさの 何分の一
ですか。

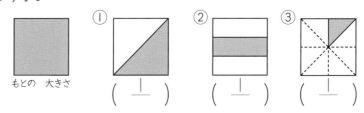

もとの 大きさ

①　（　$\frac{\quad}{\quad}$　）
②　（　$\frac{\quad}{\quad}$　）
③　（　$\frac{\quad}{\quad}$　）

３ つぎの 分数を あらわすのに ふさわしい テープを えらんで
線で つなぎ，その 長さに 色を ぬりましょう。

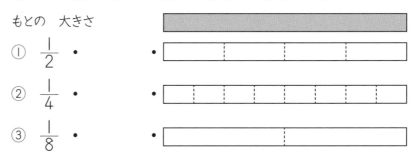

もとの 大きさ

①　$\frac{1}{2}$　・　　　・
②　$\frac{1}{4}$　・　　　・
③　$\frac{1}{8}$　・　　　・

はこの 形 (1)

● ㋐と ㋑の はこの 面に ついて 答えましょう。

㋐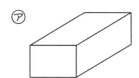

① 面は いくつ ありますか。

（　　　）つ

② 同じ 形の 面は いくつずつ ありますか。

（　　　）つずつ

③ 面の 形は 何と いう 四角形ですか。

（　　　　　）

㋑

① 面は いくつ ありますか。

（　　　）つ

② 同じ 形の 面は いくつ ありますか。

（　　　）つ

③ 面の 形は 何と いう 四角形ですか。

（　　　　　）

ふくしゅう

① 54 + 78　② 95 + 35　③ 76 + 29　④ 93 + 8

● 色紙を 78まい つかうと，のこりは 56まいに なりました。

はじめに 色紙は 何まい ありましたか。

しき

答え＿＿＿＿＿＿＿＿＿

はこの 形 (2)

● ㋐と ㋑の 面を テープで つないで はこを 作ります。

㋐,㋑,㋒,㋓の どの はこが できますか。線で つなぎましょう。

㋐ 　　㋑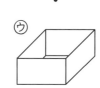

・　　　　　　　　　・

・　　　・　　　　・　　　・

㋐ 　㋑ 　㋒ 　㋓

ふくしゅう

① 146 − 78　② 152 − 94　③ 109 − 43　④ 105 − 7

● テープが 120cm ありました。75cm つかいました。

のこりは 何cmですか。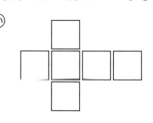

しき

答え＿＿＿＿＿＿＿＿＿

はこの 形（3）

名前

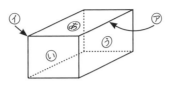

1 右の はこの 形に ついて,（　）に あてはまる ことばを □ から えらんで 書きましょう。

① あ, い, うのような たいらな ところを （　　　）と いいます。

② ⑦のように, 面と 面の さかいに なって いる 直線を （　　　）と いいます。

③ ④のように, 3本の へんが あつまって いる ところを （　　　　）と いいます。

④ 面の 形は （　　　　　）に なって います。

面 ・ 長方形 ・ へん ・ ちょう点

2 下の あの はこを 作ります。ア, イの どちらを 組み立てると あの はこが できますか。 記ごうに ○を つけましょう。

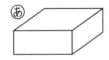

ア

イ

ふくしゅう

① 153 − 86　② 103 − 98　③ 112 − 95　④ 160 − 74

はこの 形（4）

名前

4cm 6cm 5cm

● ひごと ねん土玉を つかって, 右のような はこの 形を 作ります。

① ねん土玉は ぜんぶで 何こ いりますか。

（　　　）こ

② 何cmの ひごが 何本 いりますか。下の ひょうに 書きましょう。

ひごの 長さ	ひごの 本数
4cm	（　　）本
5cm	（　　）本
（　　）cm	（　　）本

ふくしゅう

① 2 × 8　② 4 × 6　③ 2 × 3
④ 4 × 9　⑤ 8 × 8　⑥ 1 × 9
⑦ 9 × 3　⑧ 7 × 8　⑨ 5 × 7
⑩ 6 × 2　⑪ 3 × 4　⑫ 9 × 6

● リボンを 9本 作りました。1本の 長さは 8cmです。 リボンを ぜんぶで 何cm つかいましたか。

しき

答え ＿＿＿＿＿＿

はこの 形 (5)

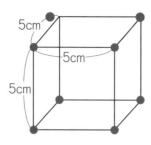

名前

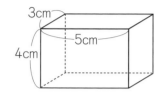

月　日

1　ひごと ねん土玉を つかって, 右のような さいころの 形を 作ります。

①　ねん土玉は ぜんぶで 何こ いりますか。

（　　　）こ

②　5cmの ひごは 何本 いりますか。

（　　　）本

2　右のような さいころの 形を 工作用紙で 作ります。

へんの 長さが 何cmの 正方形を 何まい 作れば いいですか。

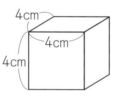

へんの 長さが （　　　）cmの 正方形を （　　　）まい

・・

●　はこの 中に チョコレートが 右の 図の ように 入って います。

チョコレートは ぜんぶで 何こ ありますか。 かけ算の しきも つかって もとめましょう。

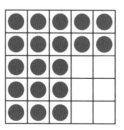

しき

答え _____

はこの 形

まとめ

名前

月　日

1　右のような はこを 作ります。

⑦～⑰の どの 面が, 何まい あれば いいですか。（　　　）に 書きましょう。

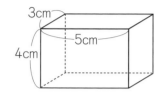

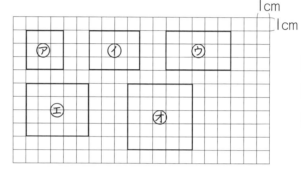

（　　　）が（　　　）まい

（　　　）が（　　　）まい

（　　　）が（　　　）まい

2　右の はこの 形に ついて, 答えましょう。

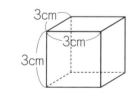

①　面は いくつ ありますか。

（　　　）つ

②　3cmの へんは 何本 ありますか。

（　　　）本

③　ちょう点は 何こ ありますか。（　　　）こ

④　面は 何と いう 形ですか。（　　　）

3　ひごと ねん土玉を つかって, 右のような はこの 形を 作ります。それぞれの 長さの ひごは 何本 いりますか。

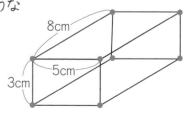

3cmの ひごは （　　　）本

5cmの ひごは （　　　）本

8cmの ひごは （　　　）本

かなづかい（2）
のばす おと　　名前

つぎの 文しょうで、──の かなづかいが 正しい ものには ○を、まちがって いる ものには 正しい かなづかいを、（　）に 書きましょう。

① にわで こうろぎが ないて います。「こうろぎって、どんな 虫?」と おとうとが ききました。
（　）（　）

② 「ゆうれえだ!」と お兄ちゃんが おおきな ひめえを あげて にげ出しました。
（　）（　）

③ わたしは 空の ひこおきに むかって、ぼおしを ふりました。
（　）（　）

④ おうかみは つよい どおぶつです。おおきくて するどい きばを もって います。
（　）（　）（　）

かなづかい（1）
のばす おと　　名前

１　絵を 見て、かなづかいが 正しい ほうに ○を つけましょう。

①
（　）おねいさん
（　）おねえさん

②
（　）せんせえ
（　）せんせい

③
（　）いもうと
（　）いもおと

④
（　）こうり
（　）こおり

２　つぎの 文しょうで、──の かなづかいが 正しい ものには ○を、まちがって いる ものには 正しい かなづかいを、（　）に 書きましょう。

「きょおは たまごやきを 入れたよ。」と、おかあさんが おべんとおを 見せて くれました。
（　）（　）（　）

「おいしそうだな。」と、おとおさんが 言いました。「れえぞうこに デザート が あるよ。」と おかあさんが 言いました。
（　）（　）（　）

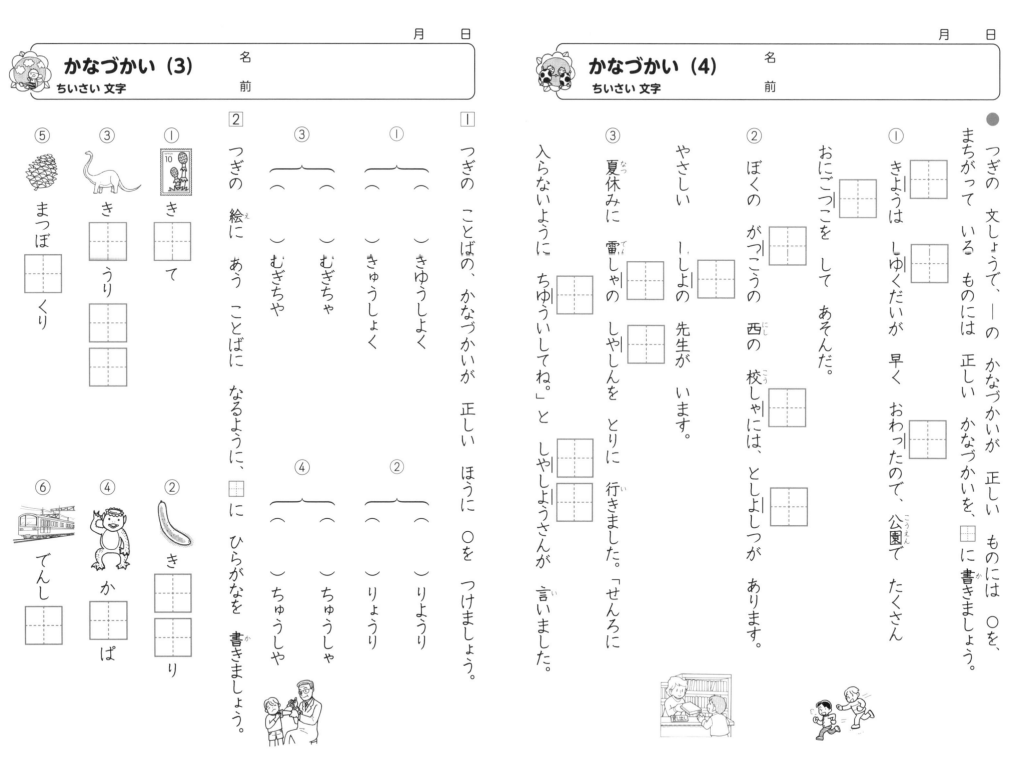

かなづかい（3）
ちいさい 文字

名前　月　日

1　つぎの ことばの、かなづかいが 正しい ほうに ○を つけましょう。

①　（　）きゆうしよく
　　（　）きゅうしょく

③　（　）きゆうしよく
　　（　）むぎちゃ
　　（　）むぎちゃ
　　（　）むぎちや

②　（　）りようり
　　（　）りょうり

④　（　）ちゆうしや
　　（　）ちゅうしゃ
　　（　）ちゅうしや

2　つぎの 絵に あう ことばに なるように、□に ひらがなを 書きましょう。

①　き□て

③　き□うり

⑤　まつぼ□くり

②　き□□り

④　か□ぱ

⑥　でんし□

かなづかい（4）
ちいさい 文字

名前　月　日

●　つぎの 文しょうで、――の かなづかいが 正しい ものには ○を、まちがって いる ものには 正しい かなづかいを、□に 書きましょう。

①　きょうは しゆくだいが 早く おわったので、公園で たくさん

おにごつこを して あそんだ。

②　ぼくの がつこうの 西の 校しゃには、としよしつが あります。

やさしい ししよの 先生が います。

③　夏休みに 雷しゃの しやしんを とりに 行きました。「せんろに

入らないように ちゆういしてね。」と しやしようさんが 言いました。

かなづかい (5)

名前

は・わ、へ・え、お・を、じ・ぢ、ず・づ

つぎの 文で、かなづかいが 正しい ほうに ○を つけましょう。

① きょう □(わ/は) 本や □(え/へ) 行った。

② えき □(え/へ) むかう とちゅうで わすれもの □(を/お) した。

③ はな □(ぢ/じ) が 出たので、ほけんしつ □(え/へ) 行った。

④ く □(ぢ/じ) らが 海(うみ) □(を/お) およいで いる。

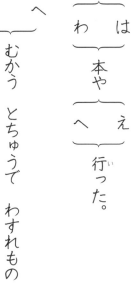

⑤ おつかいで ももの かん □(づ/ず) □(お/を) かった。

かなづかい (6)

名前

は・わ、お・を

1　つぎの 文の □に、「お」か 「を」の 正しい ほうを 書きましょう。

① まど □ あけると、空に 星さまが キラキラ 光って いました。

② ばあちゃんと つかいに 行って、□ かし □ 買いました。

③ ねえさんが、かあさんの □ てつだい □ して います。

2　つぎの 文の □に、「は」か 「わ」の 正しい ほうを 書きましょう。

① □に さくらの □ ながが さいて います。

② ごん □ おちゃ □んに 入れて、□ して 食べます。

③ に □ とり □ 三□、すずめ □ 五□ います。

かなづかい（8）

● つぎの 文しょうで、——の かなづかいが 正しい ものには ○を、まちがって いる ものには 正しい かなづかいを、□に 書きましょう。

① とうくに すむ おばあちゃんに てがみお 書きました。ふうとおに 入れて、きってを はって ポストに 入れました。をへんじわ いつ とどくかしら。

（答え）
　とうくに → ⬚
　てがみお → ⬚
　ふうとおに → ⬚
　きってを → ⬚

② おとおさんが テレビで やきゆうの しあいお 見て います。おおえんを して いる チームが まけそおに なると、「がんばれ！」と おうきな こへ を あげました。

（答え）
　おとおさん → ⬚⬚
　やきゆう → ⬚
　しあいお → ⬚
　おおえん → ⬚⬚
　まけそおに → ⬚
　おうきな → ⬚
　こへ → ⬚

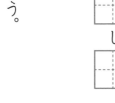

かなづかい（7）

① つぎの 絵に あう ことばに なるように、□に ひらがなを 書きましょう。

① ぎ ⬚ ⬚ ⬚ う

② ちょ ⬚ ⬚
（ちょう）

③ ⬚ が ⬚ き

④ ⬚ ⬚ ど ⬚ し

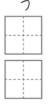

② つぎの 文で、かなづかいが 正しい ほうに ○を つけましょう。

① あした〔わ／は〕デパート〔え／へ〕行きます。

② セーター〔を／お〕せんたくしたら、ち〔ぢ／じ〕んでしまった。

同じ ぶぶんを もつ かん字 (1)

名前

１

つぎの かん字の □ には、同じ ぶぶんが 入ります。どの ぶぶんが 入るか、[　]から えらんで 書きましょう。

（れい）

木

木木　□寸　□木

① □　夫　立　□十

② □　□舌　□己　□売

言　日　木

２

□ には、同じ ぶぶんを もつ かん字が 入ります。（　）に 同じ ぶぶんを 書きましょう。

① きょうは □れだ。□い 空が 広がって いる。

同じ ぶぶん（　）

② □を すまさないと、□こえない。

同じ ぶぶん（　）

③ さむくて □が □に かわった。

同じ ぶぶん（　）

同じ ぶぶんを もつ かん字 (2)

名前

（　）に 同じ ぶぶんを もつ かん字が 入ります。□ に かん字を 書き、□ には、同じ ぶぶんを もつ かん字が 入ります。（　）に 同じ ぶぶんを 書きましょう。

① □を ぬけると、□んぼが 見えた。

同じ ぶぶん（　）

② □に ついて □で しらべる。

同じ ぶぶん（　）

③ □に うかぶ ひこうきぐもが □の ようだ。

同じ ぶぶん（　）

④ きょうは □を かく □に さんかします。

同じ ぶぶん（　）

⑤ ケーキを □って □けましょう。

同じ ぶぶん（　）

丸（。） 点（、） かぎ（「 」）(1)　名前

1　丸（。）、点（、）かぎ（「 」）について せつめいして いる 文を、それぞれ 線で つなぎましょう。

① 丸（。）　　　● 文の 中の 切れ目に つける。

② 点（、）　　　● 人の 話した ことばに つける。

③ かぎ（「 」）　● 文の おわりに つける。

2　つぎの 文に 丸（。）を 書きましょう。

① 二時間目は どうとくの じゅぎょうです

② ぼくは お母さんと デパートに いきました

③ あしたは えんそくです おべんとうを わすれずに もって 行きましょう
（丸（。）は 二つ つきます。）

④ 朝に なりました 小鳥が 鳴いて います 空は 晴れて とても きれいです
（丸（。）は 三つ つきます。）

丸（。） 点（、） かぎ（「 」）(2)　名前

つぎの 文しょうの あいて いる ますに、丸（。）、点（、）かぎ（「 」）を 書きましょう。（何も 入らない ますも あります。）

① わたしは 日曜日に図書かんで本をかりました 読みおわって とねこがタイムスリップする話だったよ と妹に教えてあげると とわたしも読んでみたいな と妹は言いました

② 春になりました 野原にはあたたかな風がふいて たくさんのおんなの花がさいた このおんなの花はぼくの毛と同じ色だよ とよろこんで野原をとびまわりました お花がにこにこしてあいさつをしました こんにちは 名前はわりました 野うさぎの子は

86　（122％に拡大してご使用ください）

丸（。）点（、）かぎ（「　」）(3)

名前

１　つぎの 文に 丸（。）を 書きましょう。

① 海の 上に 白い カモメが とんで います

② ぼくは かけ算が にがてです

③ きょうは どしゃぶりの 雨です あしたは 晴れると いいな

（丸（。）は二つ つきます。）

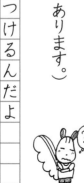

２　つぎの 文しょうの あいて いる ますに、丸（。）、点（、）かぎ（「　」）を 書きましょう。

（何も 入らない ますも あります。）

```
森の そとは きけんが いっぱいだから 気を つけるんだよ
とりすのお母さんは 言いました
きけんって どんなこと
とリスの子どもは 聞きました
にんげんに つかまったら たいへんなことになるよ
お母さんは しばらく 考えてから、
と 答えました
```

丸（。）点（、）かぎ（「　」）(4)

名前

●つぎの 文は、点（、）を うつ ところが かわると、文の いみも かわります。絵に あう ように、点（、）を 一つずつ つけて 文を 書きましょう。

① ここではきものをぬぐ。

② 家のうらにはたけがある。

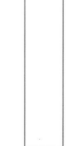

③ きょうはいしゃに行きます。

なかまの ことばと かん字 (1)

名前

つぎの ことばの なかまに なる ことばを □ から えらんで、□ に 書きましょう。

① 方角（ほうがく）

② 教科（きょうか）

③ きせつ

④ 親（おや） 家（いえ）の人 ‑‑‑‑‑‑‑‑‑ 子

春（はる）　妹（いもうと）　算数（さんすう）　父（ちち）　母（は）　北（きた）　冬（ふゆ）　秋（あき）　兄（あに）　姉（あね）　体いく（たいいく）　東（ひがし）　南（みなみ）　弟（おとうと）　音楽（おんがく）　西（にし）　国語（こくご）　夏（なつ）

なかまの ことばと かん字 (2)

名前

なかまに なる ことばを □ から えらんで、□ に 書きましょう。また、なかまを まとめて よぶ ことばを □ から えらんで、（ ）に 書きましょう。

① 一日（　）

② 赤（　）

③ （　）くもり

④ （　）百

五　白　朝（あさ）　雪（ゆき）　昼（ひる）　十　夜（よる）　黄　黒（くろ）　雨　晴れ（は）　千　万　青　午前（ごぜん）　午後　正午（しょうご）

数（かず）　色（いろ）　天気

88　（122％に拡大してご使用ください）

主語と 述語（1）

名前

1

つぎの せつ明に あてはまる ことばは、主語と 述語の どちらですか。

① 「どう する」「どんなだ」「なんだ」に 当たる ことば

② 「だれ（は）」「何が（は）」に 当たる ことば

2

つぎの 文の 中から、主語と 述語を 見つけて 書きましょう。

① 魚が 池で およぐ。

② 夜に 雨が ふった。

③ りんごの 花が さいた。

④ きょうは お兄さんの たんじょう日です。

主語 ／ 述語

主語と 述語（2）

名前

1

つぎの 文は、「だれ（何）が（は）どうする」「だれ（何）が（は）どんなだ」「だれ（何）は（が）なんだ」の どの 形に 当てはまりますか。当てはまる ものを 線で つなぎましょう。

① あれは ひこうきです。　●

② お母さんが クッキーを 作った。　●

③ ボールは まるい。　●

● だれ（何）が（は）どうする

● だれ（何）は（が）どんなだ

● だれ（何）が（は）なんだ

2

つぎの 文の 中から、主語と 述語を 見つけて 書きましょう。

① トラックが にもつを 運ぶ。

② とても ゆっくりと カメが 歩く。

③ にわの さくらの 花が きれいだ。

主語 ／ 述語

主語と 述語（3）

名前

つぎの 文の 中から、主語と 述語を 見つけて 書きましょう。

① 春の 野原を 二ひきの キツネは 元気よく 走りました。
主語 □　述語 □

② ぼくは お父さんと 弟と いっしょに しんかんせんに のった。
主語 □　述語 □

③ おじいちゃんの 家の はたけで トウモロコシが とれた。
主語 □　述語 □

④ コタツの 上で ねこが きもちよさそうに ねて いる。
主語 □　述語 □

⑤ ライオンの たてがみは とても りっぱだ。
主語 □　述語 □

主語と 述語（4）

名前

1 いみの わかる 文に なるように、上の ことばと 下の 述語を 線で つなぎましょう。

① わたしの お母さんは パン屋さんで　・　　・ だいこんだ。

② 赤い バラの 花が とても　・　　・ はたらいています。

③ 弟が がようしに 車の 絵を　・　　・ きれいです。

④ この 長くて 白い やさいの 名前は　・　　・ かいて いる。

2 つぎの 文の 中から、主語と 述語を 見つけて 書きましょう。

① 大きな ゾウが のっしのっしと 草原を 歩く。
主語 □　述語 □

② まどの 外では 風が ビュービュー ふいて いる。
主語 □　述語 □

かん字の 読み方 (1)

名前

月　日

——の かん字の 読み方を 書きましょう。

①
- やねの 上（　　）
- かいだんを 上る（　　）
- ぼくの 上ばき（　　）
- 川上に 行く（　　）
- ビルの おく上（　　）
- 二かいに 上がる（　　）

②
- デパートの 地下（　　）
- かいだんを 下りる（　　）
- やねの 下（　　）
- 川下に 行く（　　）
- おんどが 下がる（　　）
- 山を 下る（　　）
- 下校の 時間（　　）

③
- 親子（　　）
- 親切な 人（　　）

かん字の 読み方 (2)

名前

月　日

つぎの ことばに あてはまる かん字と おくりがなを、□に 書きましょう。

①
- はこに 　　　　いれる
- 教室に 　　　　はいる

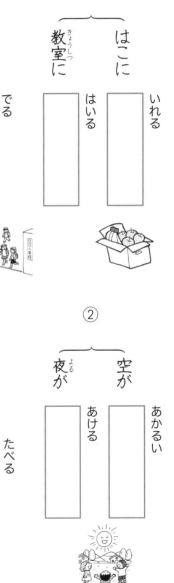

②
- 空が 　　　　あかるい
- 夜が 　　　　あける

③
- 門から 　　　　でる
- 水を 　　　　だす

④
- やさいを 　　　　たべる
- おにぎりを 　　　　くう

⑤
- 赤ちゃんが 　　　　うまれる
- 木が 　　　　はえる

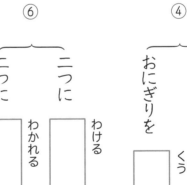

⑥
- 二つに 　　　　わける
- 二つに 　　　　わかれる

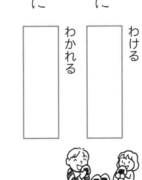

かたかなで 書く ことば （1）

名前

1 つぎの 文から 「どうぶつの 鳴き声」を さがして、かたかなで 書きましょう。

① ねこが にゃーんと 鳴きました。

② 早朝に にわとりが こけこっこーと 鳴きます。

③ ライオンが がおーっと 大きな 口を あけました。

2 つぎの 文から 「いろいろな ものの 音」を さがして、かたかなで 書きましょう。

① コップが がちゃんと われた。

② ろう下を ばたばた 走る 音が する。

③ とんとんと ドアを ノックした。

かたかなで 書く ことば （2）

名前

1 つぎの 文から 「外国から 来た ことば」を さがして、かたかなで 書きましょう。

① たおるで あせを ふきます。

② お兄さんは ぎたあを ひくのが じょうずです。

③ お母さんが ふらいぱんで 目玉やきを やいて います。

2 つぎの 文から 「外国の、国や土地、人の 名前」を さがして、かたかなで 書きましょう。

① あめりかは とても 大きな 国です。

② おじさんが しごとで にゅうようくに 行きました。

③ 「人魚ひめ」は あんてるせんが かいた どうわです。

かたかなで 書く ことば（3）

名前

つぎの 文の 中から かたかなで 書く ことばを さがして、かたかなで 書きましょう。

① どうぶつ園で ごりらが うおーっと さけんで いました。

② ぼくは 弟と いっしょに てれびで さっかあの しあいを 見ました。

③ 「お手紙」を 書いた ああのるど・ろうべるは、あめりかの 絵本作家です。

④ きょうは 風が びゅうびゅう ふいて、雨が ざあざあ ふって います。

⑤ 子どもたちは、くりすますに なったら おいしい けえきを 食べて、ぷれぜんとが とどくのを まちます。

かたかなで 書く ことば（4）

名前

1 つぎの 絵の どうぶつの 鳴き声を □ から えらんで、かたかなで 書きましょう。

① かえる

③ 牛

② 馬

④ すずめ

ひひーん・もうもう・けろけろ・ちゅんちゅん

2 つぎの 絵の ものの 音を □ から えらんで、かたかなで 書きましょう。

① すず

③ ガラス

② たいこ

④ きゅうきゅう車

どんどん・りんりん・ぴいぽうぴいぽう・がちゃあん

かたかなで 書く ことば（5）

名前

1　つぎの ことばの 中から、かたかなで 書く ことばを 五つ えらんで、□ に かたかなで 書きましょう。

① ちょこれえと
② やきゅう
③ すいえい
④ てにす
⑤ とうふ
⑥ ふえ
⑦ おるがん
⑧ しゃつ
⑨ くつした
⑩ らいおん

2　つぎの 文の 中から かたかなで 書く ことばを さがして、かたかなで 書きましょう。

① にわに 赤と 白と ぴんくの ちゅうりっぷが さきました。

② でぱあとに 買い（か）ものに 行って 新（あたら）しい せえたあと まふらあを 買った。

③ すぱげってぃは いたりあの りょうりです。

かたかなで 書く ことば（6）

名前

1　つぎの かたかなで 書いた（か）ことばの 中に、まちがいが あります。正しく 書きなおしましょう。

① アイロソ
② ニュウヨーク
③ トライアソグル
④ カレンダア

2　つぎの 絵に（え）あう 外国（がいこく）から 来た（き）ことばを □ から えらんで、かたかなで 書きましょう。

③
①

④
②

てえぶる・すぷうん・ぴあの・はんばあぐ

にた いみの ことば（1）

名前

2 つぎの 文の ——の ことばと にた いみの ことばを □ から えらんで、□に 書きましょう。

① 木の えだに 鳥が たくさん とまって いる。

② きょうの あさは、ぼくが 一番に おきた。

③ きれいな バラの 花たばを もらった。

かける　もどる　まなぶ　しゃべる

さいしょ　いっぱい　うつくしい

1 つぎの ことばと にた いみの ことばを □ から えらんで、□に 書きましょう。

① 話す

② べんきょうする

③ 帰る

④ はしる

にた いみの ことば（2）

名前

● つぎの 文の、——の ことばと にた いみの ことばを □ から えらんで、□に 書きましょう。

① ノックの 音が したので、ドアを あける。

② つかれたので、きょうの 夜は 早く 休む。

③ シャツが よごれて いるので、きがえを した。

④ 日曜日に シーツを せんたくする。

⑤ 山のぼりの あとで 食べる おべんとうは とても おいしい。

⑥ 目ざまし時計が 鳴って、あわてて 目を さます。

あらう　ねる　おきる　ひらく　食う　きたない

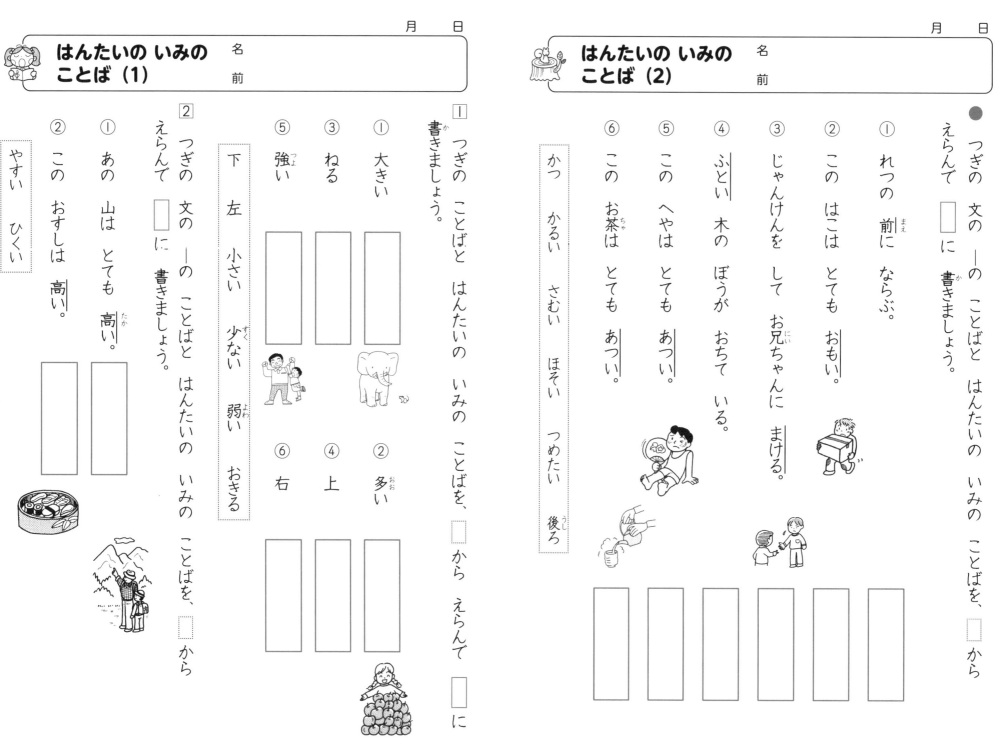

はんたいの いみの ことば（1）

名前

月 日

1 つぎの ことばと はんたいの いみの ことばを、□に 書きましょう。

① 大きい

② 多い

③ ねる

④ 上

⑤ 強い

⑥ 右

2 つぎの 文の ——の ことばと はんたいの いみの ことばを、□ から えらんで □に 書きましょう。

下　左　小さい　少ない　弱い　おきる

① あの 山は とても 高い。

② この おすしは 高い。

やすい　ひくい

はんたいの いみの ことば（2）

名前

月 日

● つぎの 文の ——の ことばと はんたいの いみの ことばを、□ から えらんで □に 書きましょう。

① れつの 前に ならぶ。

② この はこは とても おもい。

③ じゃんけんを して お兄ちゃんに まける。

④ ふとい 木の ぼうが おちて いる。

⑤ この へやは とても あつい。

⑥ この お茶は とても あつい。

かつ　かるい　さむい　ほそい　つめたい　後ろ

ようすを あらわす ことば（1）

名前

1 つぎの ようすを あらわすのに、あてはまる 文を えらんで（　）に ○を 書きましょう。

① やわらかい ようす
（　）この クッションは ふかふかだ。
（　）この クッションは ゴツゴツして いる。

② かるい ようす
（　）この はこは まるで わたの ようだ。
（　）この はこは まるで 岩の ようだ。

2 ▢に あてはまる ようすを あらわす ことばを ▢ から えらんで 書きましょう。

① 星が ▢ 光って いる。

② 大きな ゾウが ▢ と 歩いて いる。

③ おふろに 入って、体が ▢ してきた。

キラキラ　ぽかぽか　のっしのっし

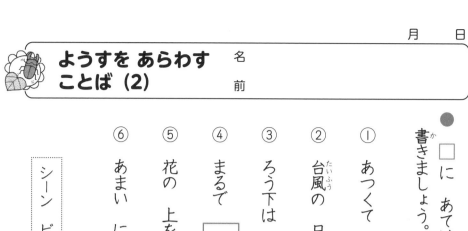

ようすを あらわす ことば（2）

名前

● ▢に あてはまる ようすを あらわす ことばを、▢ から えらんで 書きましょう。

① あつくて あせが ▢ ながれた。

② 台風の 日は 風が ▢ ふいて いる。

③ ろう下は ▢ と しずまり かえって いた。

④ まるで ▢ ゆっくり 歩く。

⑤ 花の 上を チョウが ▢ とんで いた。

⑥ あまい においが して ▢ な 形の せっけん。

シーン　ビュービュー　ひらひら　かめのように　たきのように　ケーキみたい

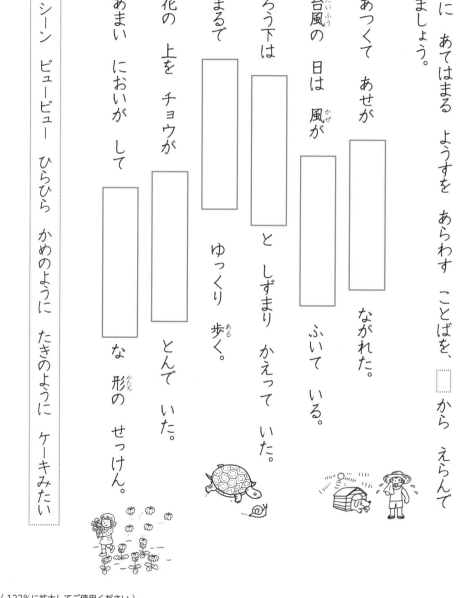

ようすを あらわす ことば (3)

1　つぎの ようすを あらわす ことばは、どんな ようすを あらわして いますか。線で つなぎましょう。

① プンプン ●　　● さわがしい ようす

② ザワザワ ●　　● あたたかい ようす

③ ほかほか ●　　● おこって いる ようす

④ ニコニコ ●　　● わらって いる ようす

2　□に あてはまる、ようすを あらわす ことばを □から えらんで 書きましょう。

① 赤ちゃんが ［　　　］ と ないた。

② うれしくて うさぎの ように ［　　　］ とびはねた。

③ 強い 風が ふいて、ドアが ［　　　］ と しまった。

ピョンピョン　オギャーッ　バターン

ようすを あらわす ことば (4)

1　つぎの ようすを あらわす ことばは、どんな ようすを あらわして いますか。線で つなぎましょう。

① 火の ように ●　　● あつい ようす

② ゾウの ように ●　　● 小さい ようす

③ 海の ように ●　　● 大きい ようす

④ ねずみの ように ●　　● 広い ようす

2　□に あてはまる、ようすを あらわす ことばを □から えらんで 書きましょう。

① 犬が まるで ［　　　］ ゆっくり 歩く。

② 山田さんは ［　　　］ じょうずに およぐ。

③ ［　　　］ じゆうに 空を とべたら 気もち いいだろうなぁ。

魚のように　鳥のように　かたつむりのように

まちたんけん（1）

● 下の 絵の 中で, つぎの ものを 見つけたら, その 絵に ○を つけましょう。
① 図書かん　② ゆうびんきょく　③ しょうぼうしょ　④ びょういん　⑤ 交番　⑥ 公園　⑦ えき　⑧ 小学校
⑨ タクシーのりば　⑩ ガソリンスタンド

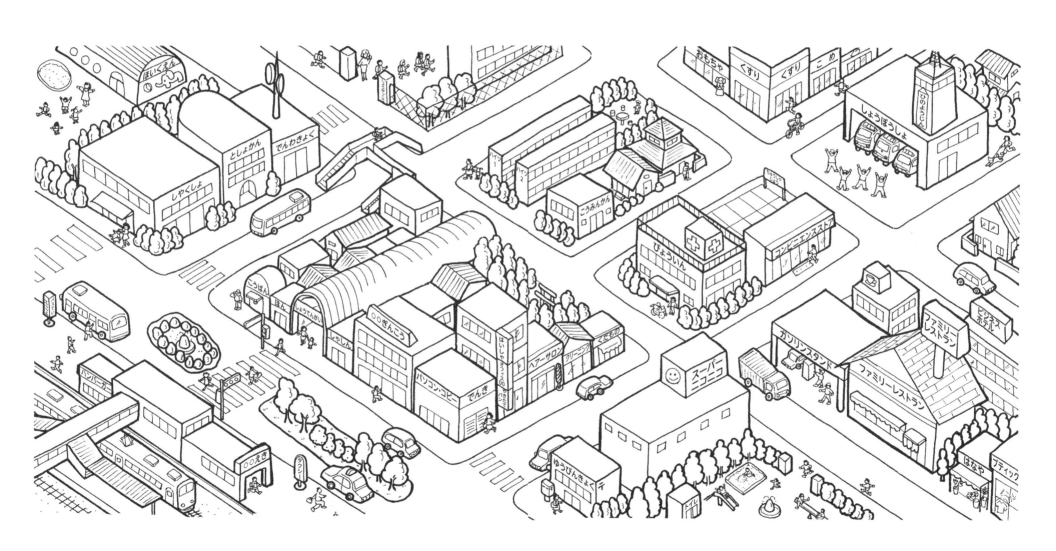

まちたんけん（2）

● 下の　絵の　中で，つぎの　ものを　見つけたら，その　絵に　○を　つけましょう。

① 田んぼ　② やく場　③ トンネル　④ えき　⑤ はし　⑥ ようち園　⑦ 公みんかん　⑧ ビニールハウス　⑨ すべり台

⑩ しょうぼうしょ

春の 生きものを さがそう （1）

名前

● 公園や　にわで，下の　絵のような　生きものを　見つけたら，
（　　）に　○を　つけて，色を　ぬりましょう。

アゲハ	アリ	ナナホシテントウ	クモ
（　）	（　）	（　）	（　）

ハサミムシ	カタツムリ	ダンゴムシ	モンシロチョウ
（　）	（　）	（　）	（　）

春の 生きものを さがそう （2）

名前

● 池や　小川で，下の　絵のような　生きものを　見つけたら，
（　　）に　○を　つけて，色を　ぬりましょう。

メダカ	コイ	フナ	アメンボ
（　）	（　）	（　）	（　）

トノサマガエルと オタマジャクシ	アカガエルと オタマジャクシ	ヤゴ	アメリカザリガニ
（　）	（　）	（　）	（　）

夏の 生きもの（1）

名前

① 下に かかれて いる 生きものを, 木に いる もの, 花に いる もの, 水べに いる ものに 分けて, 下の □ に 記ごうで 書きましょう。

⑦ ミツバチ　　④ クマゼミ　　⑦ ザリガニ　　④ カブトムシ

⑦ アゲハ　　⑦ トノサマガエル　　④ タニシ　　⑦ カナブン

  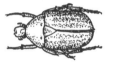

木に いる もの	花に いる もの	水べに いる もの

② 下の 鳥の 絵と 名前を 線で むすびましょう。

・　　　　　　　　　　　・カラス

・　　　　　　　　　　　・スズメ

・　　　　　　　　　　　・ツバメ

夏の 生きもの（2）

名前

① つぎの ①〜⑤の 文に 書かれて いる 生きものの 名前を, 下の □ から えらび,（　）に 書きましょう。

① 小川に いる 魚で, 小さな 体で すばやく およぐ。
（　　　　　　　）

② 水の 上を 長い 足で すべるように うごく。
（　　　　　　　）

③ 大きく なると, 4本の 足が はえてくる。
（　　　　　　　）

④ 小さい ときは, 水の 中に いて, 大きく なると トンボに なって 空を とぶ。
（　　　　　　　）

⑤ 赤い 色の 体で, 大きな はさみを もち, 池などに いる。
（　　　　　　　）

> メダカ　　アメリカザリガニ　　オタマジャクシ　　ヤゴ　　アメンボ

② ザリガニの かい方に ついて 正しい ものには ○を, まちがって いる ものには ×を つけましょう。

（　　）かくれる ところも つくって あげる。

（　　）えさは, ソーセージや にぼし, 食パンなどを やる。

（　　）えさは, さとうや サンショウの はを やる。

（　　）水そうには, 1日 くみおきした 水を 入れる。

（　　）水そうには, 水道から ちょくせつ 水を 入れる。

虫さがし（1）　名前

● 下の 絵は，虫さがしを して 見かけた 虫を カードに かいた
ものです。つぎの ①〜③の それぞれの ところに いる 虫を
絵の 中から さがし，（　）の 中に 虫の 名前を 書きましょう。

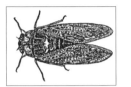
セミ

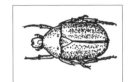
カナブン

オンブバッタ

モンシロチョウ

アメンボ

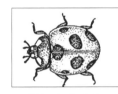
テントウムシ

カマキリ

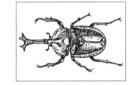
カブトムシ

① 木で 見つかる 虫
（　　　）（　　　　）（　　　　）
② 花だんや はたけ，草むらで 見つかる 虫
（　　　）（　　　　）（　　　　）（　　　　）
③ 水べで 見つかる 虫
（　　　）

虫さがし（2）　名前

● つぎの ①〜④に あてはまる 虫を，下の 　　から
１つ えらんで，（　）に 名前を 書きましょう。

① 草の はを 食べる。　　　　　（　　　　　）

② 木の しるを すう。　　　　　（　　　　　）

③ ほかの 虫を とらえて 食べる。（　　　　　）

④ 花の みつを すう。　　　　　（　　　　　）

> カマキリ　トノサマバッタ　カブトムシ　モンシロチョウ

② ヤゴの かい方に ついて，考えましょう。
① 下の 絵から ヤゴの すみかを つくるのに つかう ものを
２つ えらび，○を つけましょう。

しお

水そう

ぼう

（　）　　　　　（　）　　　　　（　）

② どんな ものを えさに して かうと よいですか。下から
えらび，○を つけましょう。
（　ミミズ　・　キャベツ　・　あめ　）

③ ヤゴは，大きく なると 何と いう 名前の 生きものに
なりますか。
（　　　　　）

いろいろな やさい

名前

● 下の いろいろな やさいの 名前を 下の □□□ から えらんで
（　）に 書きましょう。

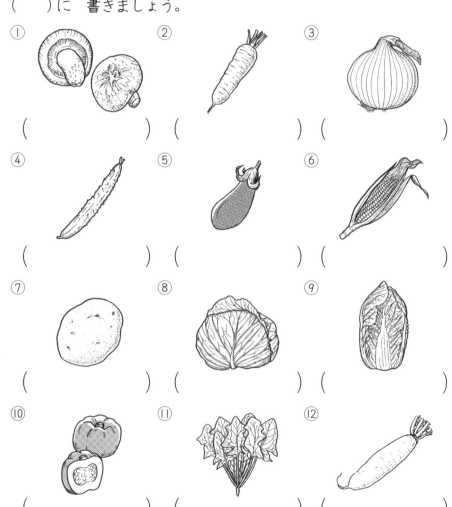

① （　　　　）　② （　　　　）　③ （　　　　）

④ （　　　　）　⑤ （　　　　）　⑥ （　　　　）

⑦ （　　　　）　⑧ （　　　　）　⑨ （　　　　）

⑩ （　　　　）　⑪ （　　　　）　⑫ （　　　　）

> とうもろこし　キャベツ　だいこん　はくさい　かぼちゃ　しいたけ
> きゅうり　じゃがいも　なす　たまねぎ　にんじん　ほうれんそう

やさいを そだてよう

名前

● ミニトマトの せ話の し方に ついて 考えましょう。

① そだて方の じゅんに 1・2・3・4・5・6の 番ごうを
書きましょう。

⑦ うえつける　　　④ 花が さく　　　⑨ はたけの じゅんびを
する

元気な苗を
選ぶ
40cm

（　　）　　　　　（　　）　　　　　（　　）

⑤ 手入れを する　　⑦ しゅうかくする　　⑨ みが できる

わきめをとる

（　　）　　　　　（　　）　　　　　（　　）

② そだった ミニトマトに ささえぼうを 立てるとき，どのように
すれば よいですか。正しい ものに ○を つけましょう。

（　　）立てる だけで，なえを ひもで むすばなくて よい。
（　　）なえと ささえぼうを ひもで かたく むすぶ。
（　　）なえと ささえぼうを ひもで かるく むすぶ。

③ そだった ミニトマトに ささえぼうを 立てるのは，どうして
ですか。正しい 方に ○を つけましょう。
（　　）たおれないように するため。
（　　）どれぐらい そだったか，高さを はかるため。

バスや 電車に のろう

名
前

① バスに のってから, おりるまでの じゅん番に 1・2・3・4の 番ごうを 書きましょう

（ 5 ）
車に 気を つけて おりる。

（　）
おりる ときは ボタンを おして 知らせる。

（　）
せい理けんを とって のる。

（　）
時こくひょうを しらべる。

（　）
お金を はらって おりる。

② 電車に のるとき, どのような じゅん番で のりますか。 じゅん番に 2・3・4・5の 番ごうを 書きましょう

（　）
かいさつを 通る。

（ 1 ）
行き先を たしかめて, 時こくひょうを しらべる。

（　）
きっぷを 買う。

（ 6 ）
電車の 中では しずかに する。

（　）
線より 下がって, ならんで まつ。

（　）
おりる 人が ぜんぶ おりたら 電車に のる。

ゆうびんきょくの しごと

名
前

● はがきや 手紙は, どのような じゅん番で ポストから みなさんの 家に はこばれるのでしょうか。下の 絵の （ ）に 1・2・3・4・5・6の 番ごうを 書きましょう。

くぶんきで ゆうびんぶつを 地いきごとに 分ける。
（　）

ポストから ゆうびんぶつを あつめる。
（　）

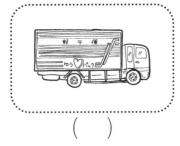
あて先の 地いきを うけもつ ゆうびんきょくに はこぶ。
（　）

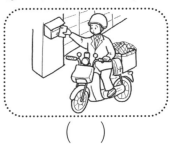
家ていに はいたつする。
（　）

けしいんを おす。
（　）

ゆうびんぶつを, はいたつする じゅんに ならべる。
（　）

音あそび（1）

名前

① つぎの がっきのうち, ふって 音を 出す ものに ◎, たたいて 音を 出す ものに ○, はじいて 音を 出す ものに △, 口で ふいて 音を 出す ものに ×を 書きましょう。

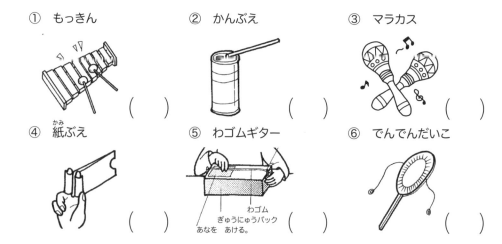

① もっきん　（　）
② かんぶえ　（　）
③ マラカス　（　）
④ 紙ぶえ　（　）
⑤ わゴムギター　（　）
⑥ でんでんだいこ　（　）

② のばした わゴムを ゆびで はじきました。わゴムは, どのように 見えましたか。正しい 絵を えらび, （　）に ○を つけましょう。

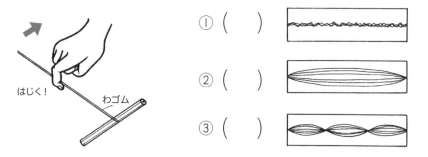

はじく！　わゴム

① （　）
② （　）
③ （　）

音あそび（2）

名前

① つぎの 文を 読んで, 正しい ものに ○を, まちがって いる ものに ×を, （　）に 書きましょう。

（　）たいこを たたいたあと, たいこの かわを 手のひらで おさえると, 音は, 止まる。

（　）たいこを 強く たたくと, たいこの かわが 大きく ふるえる。

（　）トライアングルを たたいて, ゆびで そっと さわると, ふるえて いるのが 分かる。

（　）トライアングルを たたいたあと, ゆびで にぎっても, 音は 止まらない。

（　）トライアングルを たたいたあと, ゆびで にぎると, 音は 止まる。

② 糸電話あそびを しました。つぎの やり方で, よく 聞こえる ものには ○を, 聞こえない ものには ×を, （　）に 書きましょう。

① ゆびで 糸を つまむ　（　）

② 糸を ゆるめる　（　）

③ 糸を ピンと はる　（　）

うごく おもちゃを つくろう（1）

名前

● つぎのような おもちゃを つくりました。つかった
ざいりょうは，⑦～⑭の どれですか。線で むすびましょう。

① にょろにょろへび

　　●　　　　●
⑦ 紙ざら
ストロー
セロハンテープ

② 風車（かざぐるま）

風 ⇒
⇒

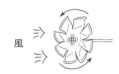

　　●　　　　●
⑦ たこ糸（いと）
ストロー
画用紙（がようし）

③ さるの ぼうのぼり

　　●　　　　●
⑦ かさぶくろ
紙コップ
じゃばらつきストロー
セロハンテープ
ゆせいペン

④ ストローグライダー

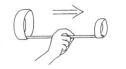

　　●　　　　●
⑭ ストロー
おり紙
クリップ
セロハンテープ

うごく おもちゃを つくろう（2）

名前

1　みの まわりに ある もので 下のような おもちゃを つくり
ました。

⑦　空気ほう

⑦　ストローぶえ

かたい もので つよく こすって
たいらに すると よい。

⑦　さかを ころがる
おもちゃ

下の 方（ほう）に おもりが
くるように おく。

⑭　わりばしでっぽう　⑦　さかなつり

① 空気を おし出して あそぶ おもちゃは どれですか。
（　　）

② じしゃくを つかって あそぶ おもちゃは どれですか。
（　　）

③ 音の 出る おもちゃは どれですか。
（　　）

④ おもりで うごく おもちゃは どれですか。
（　　）

⑤ ゴムを つかった おもちゃは どれですか。
（　　）

2　まつぼっくりと 紙（かみ）コップで けん玉を つくります。どちらの
絵（え）が 正しいですか。○をつけましょう。

（　　）　　（　　）

きせつを 見つけよう (1)

名
前

● 下の 絵は, 春, 夏, 秋, 冬の どの きせつの ようすを あらわした ものですか。 絵に あう きせつを (　)に 書きましょう。

(　　　　　)　　　(　　　　　)

(　　　　　)　　　(　　　　　)

きせつを 見つけよう (2)

名
前

① 春に 見られる 花 すべてに ○を つけましょう。

サクラ　　　アサガオ　　　タンポポ　　　シロツメクサ　　　ヒマワリ

(　)　　　(　)　　　(　)　　　(　)　　　(　)

② 夏の ようすを あらわして いる もの すべてに ○を つけましょう。

(　　)セミとりに 行った。　　(　　)夜に 花火を した。

(　　)海で およいだ。　　(　　)雪だるまを つくった。

③ 秋の ようすを あらわして いる もの すべてに ○を つけましょう。

くりひろい　　イチョウ　　お月見　　せつ分　　クリスマス

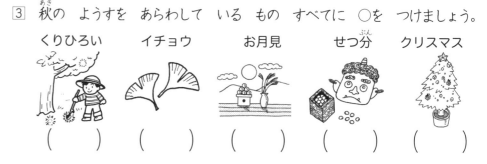

(　)　　　(　)　　　(　)　　　(　)　　　(　)

④ 冬に つかう もの すべてに ○を つけましょう。

せん風き　　マフラー　　こたつ　　水ぎ　　手ぶくろ

(　)　　　(　)　　　(　)　　　(　)　　　(　)

自分の 体

名前

● 自分の 体の いろいろな ところの 名前を, 下の ▭ から えらんで (　　) に 書きましょう。

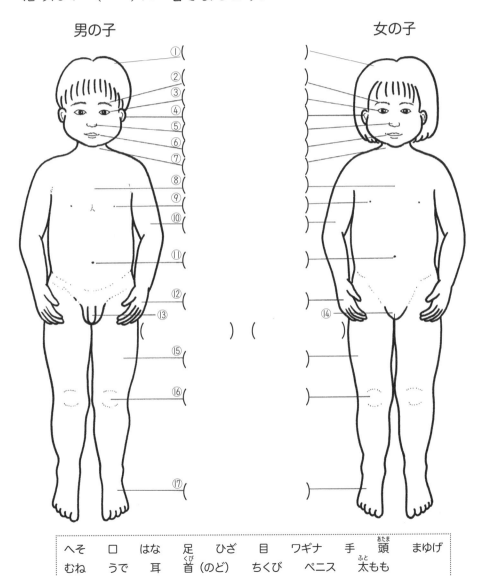

男の子　　　　　　　　　　　　女の子

①(　　)
②(　　)
③(　　)
④(　　)
⑤(　　)
⑥(　　)
⑦(　　)
⑧(　　)
⑨(　　)
⑩(　　)
⑪(　　)
⑫(　　)
⑬(　　)
(　　)(　　)
⑭(　　)
⑮(　　)
⑯(　　)
⑰(　　)

| へそ | 口 | はな | 足 | ひざ | 目 | ワギナ | 手 | 頭 | まゆげ |
| むね | うで | 耳 | 首(のど) | ちくび | ペニス | 太もも | | | |

大きくなったよ

名前

① 下の ⑥〜⑥の 絵を 小さい ころから じゅんに ならべましょう。

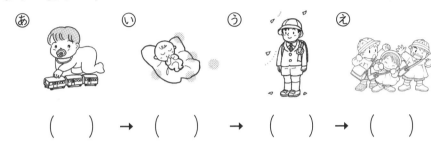

⑥　　　　⑥　　　　⑥　　　　⑥

(　　) → (　　) → (　　) → (　　)

② 2年生に なって できるように なった ことに ○を つけましょう。

(　　) 大きな 声で あいさつが できる。
(　　) 2年生の かん字が 書ける。
(　　) お父さんや お母さんの お手つだいが できる。
(　　) さかあがりが できる。
(　　) すききらいが なく, 何でも 食べられる。
(　　) 大きな 声で はっぴょうが できる。
(　　) 1年生に やさしく できる。

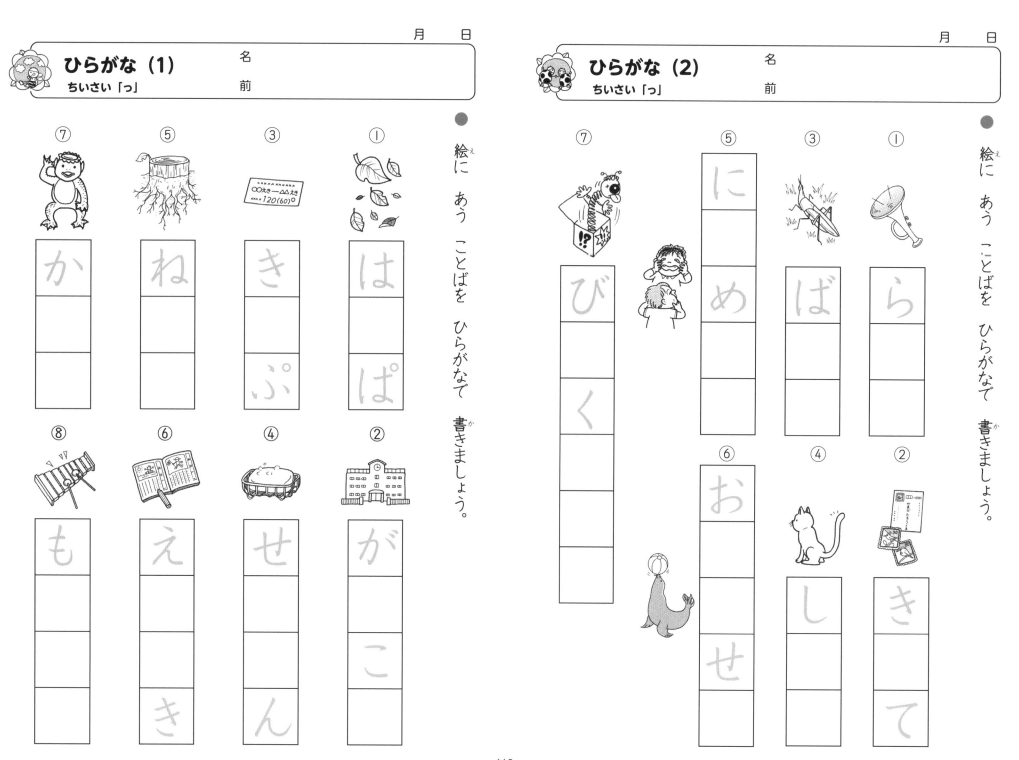

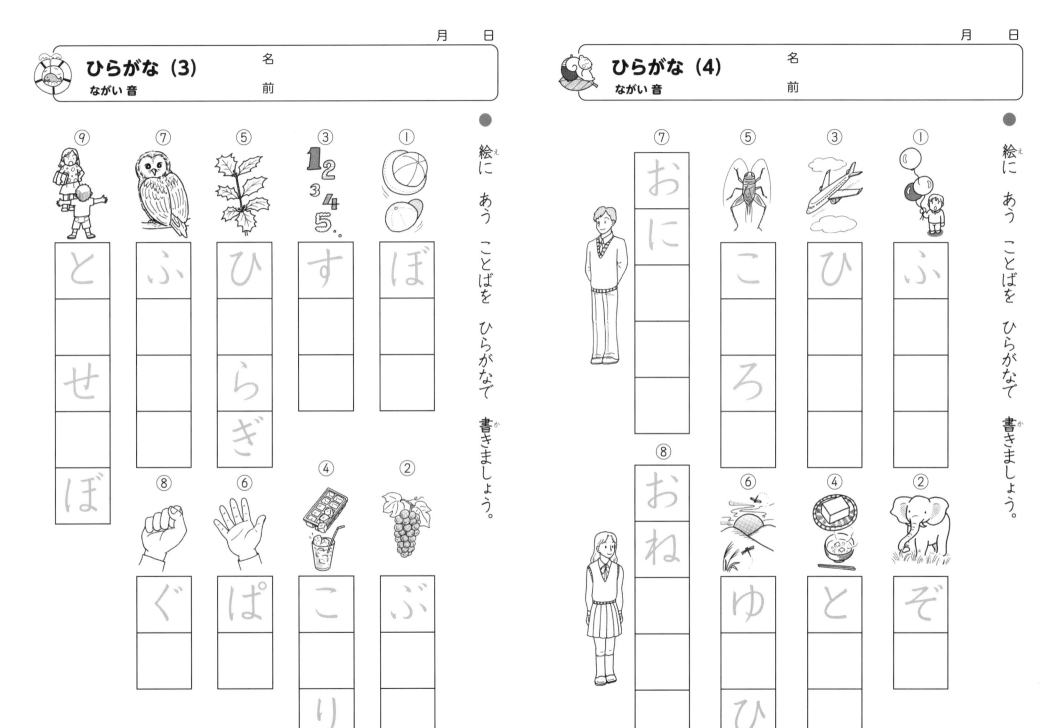

ひらがな（3）
ながい 音

名前

絵に あう ことばを ひらがなで 書きましょう。

⑨ とせぼ

⑦ ふ

⑤ ひらぎ

③ す

① ぼ

⑧ ぐ

⑥ ぱ

④ こり

② ぶ

ひらがな（4）
ながい 音

名前

絵に あう ことばを ひらがなで 書きましょう。

⑦ おに

⑤ ころ

③ ひ

① ふ

⑧ おね

⑥ ゆ

④ と

② ぞ

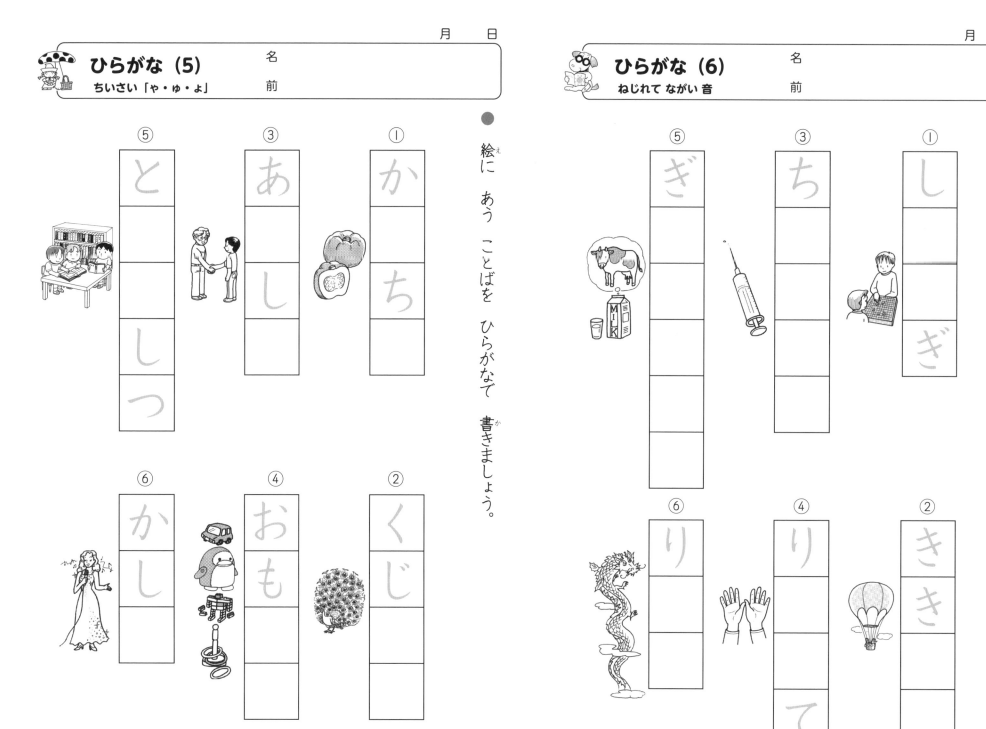

ひらがな（5）

ちいさい「ゃ・ゅ・ょ」

名前

月　日

絵に あう ことばを ひらがなで 書きましょう。

⑤ と　し　つ

③ あ　し

① か　ち

⑥ か　し

④ お　も

② く　じ

ひらがな（6）

ねじれて ながい 音

名前

月　日

絵に あう ことばを ひらがなで 書きましょう。

⑤ ぎ

③ ち

① し　ぎ

⑥ り

④ り　て

② き　き

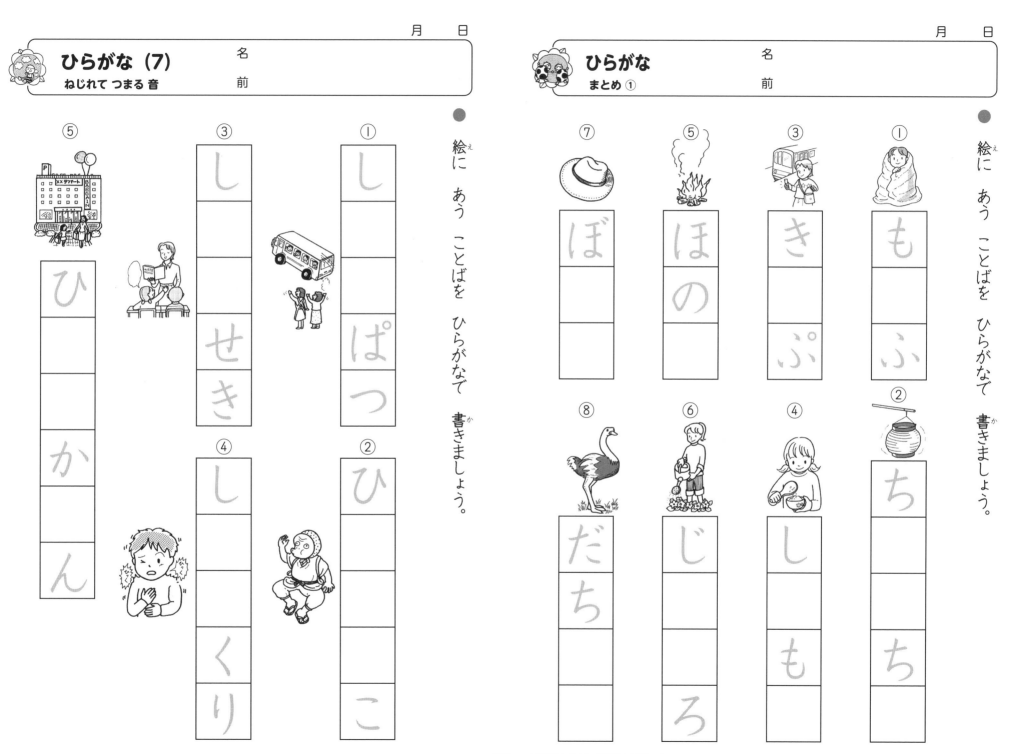

ひらがな (7)
ねじれて つまる 音

名前

月　日

絵に あう ことばを ひらがなで 書きましょう。

① し　ぱ　っ

② ひ　　　こ

③ し　せ　き

④ し　　　く　り

⑤ ひ　　か　ん

ひらがな
まとめ ①

名前

月　日

絵に あう ことばを ひらがなで 書きましょう。

① も　ふ

② ち　　ち

③ き　ぷ

④ し　も

⑤ ほ　の

⑥ じ　　ろ

⑦ ぼ

⑧ だ　ち

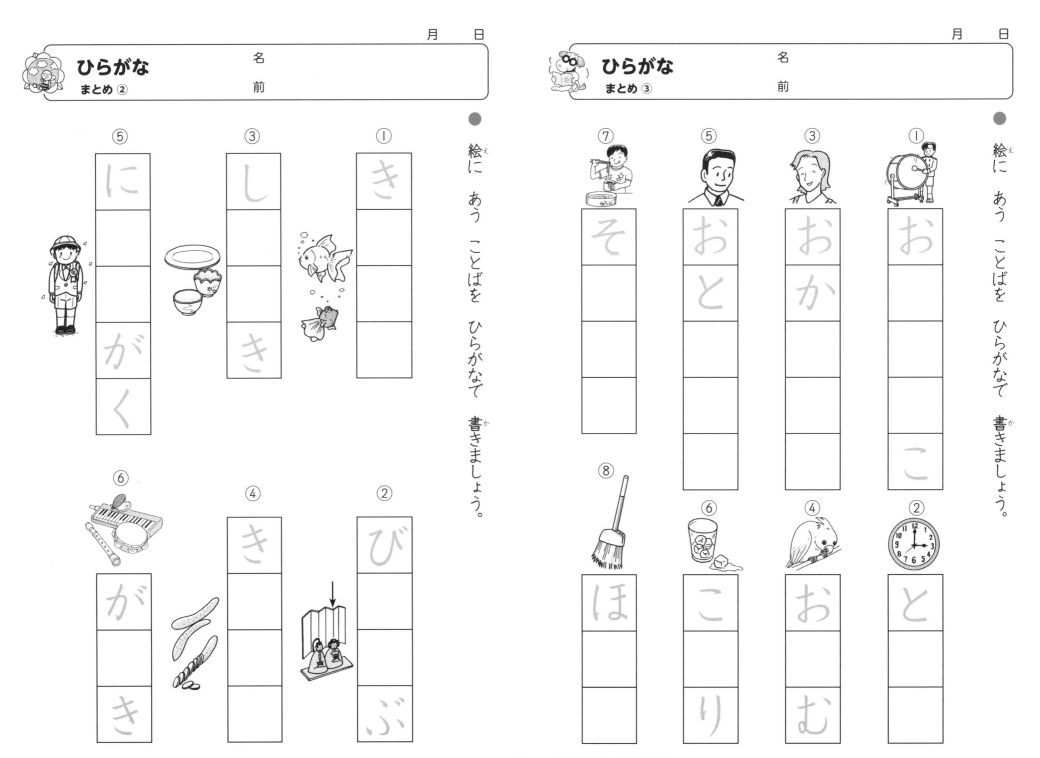

絵に あう ことばを ひらがなで 書きましょう。

⑤ に　が　く

③ し　　き

① き

⑥ が　　き

④ き

② び　　ぶ

絵に あう ことばを ひらがなで 書きましょう。

⑦ そ

⑤ お　と

③ お　か

① お　　こ

⑧ ほ

⑥ こ　り

④ お　　む

② と

ひらがな
まとめ ④

名
前

絵に あう ことばを ひらがなで 書きましょう。

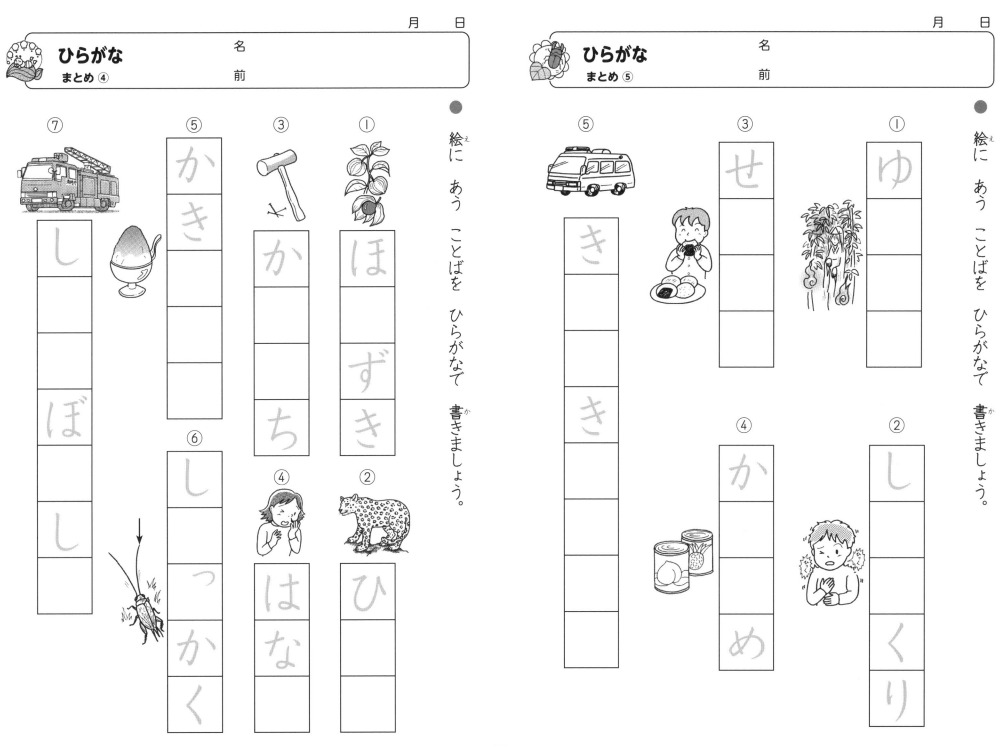

⑦

⑤
| か |
| き |
| |
| |

③

① ⑥
| し |
| |
| |
| っ |
| か |
| く |

③
| か |
| |
| |
| ち |

①
| ほ |
| ず |
| き |

④
| は |
| な |
| |

②
| ひ |
| |
| |

⑦
| し |
| |
| ぼ |
| し |
| |
| |

ひらがな
まとめ ⑤

名
前

絵に あう ことばを ひらがなで 書きましょう。

⑤
| き |
| き |
| |
| |
| |
| |
| |

③
| せ |
| |
| |
| |

①
| ゆ |
| |
| |
| |

④
| か |
| |
| め |

②
| し |
| |
| くり |

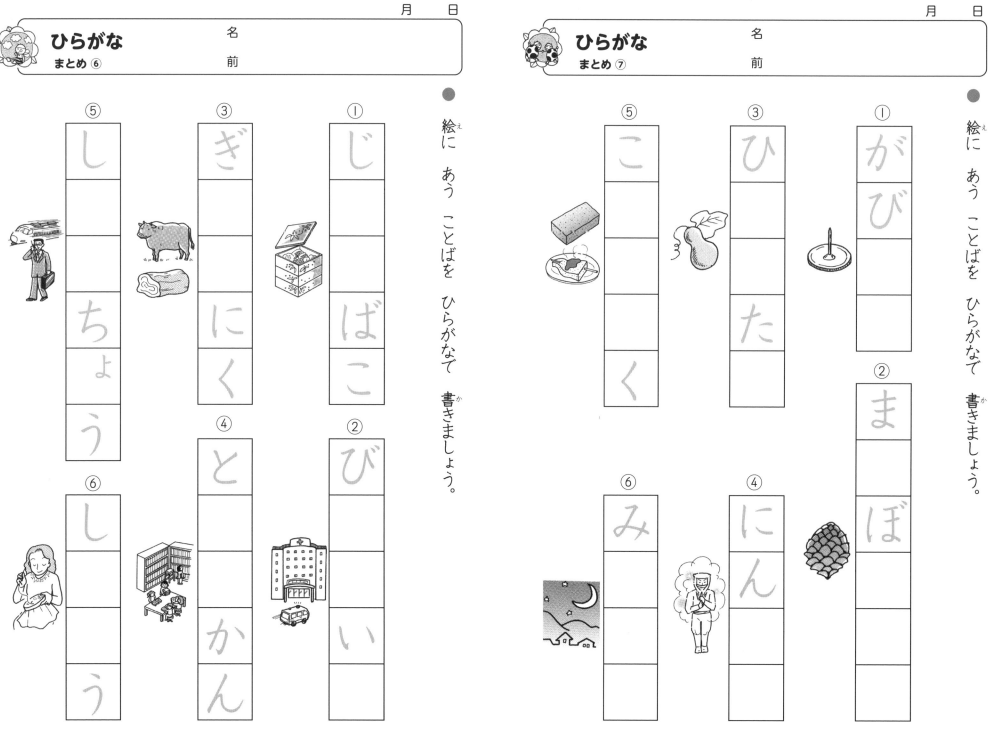

ひらがな
まとめ ⑥

名
前

月　日

● 絵に あう ことばを ひらがなで 書きましょう。

⑤ しちょう

③ ぎにく

① じばこ

④ とかん

② びい

⑥ しう

ひらがな
まとめ ⑦

名
前

月　日

● 絵に あう ことばを ひらがなで 書きましょう。

⑤ こく

③ ひた

① がび

② まぼ

⑥ み

④ にん

116　（122％に拡大してご使用ください）

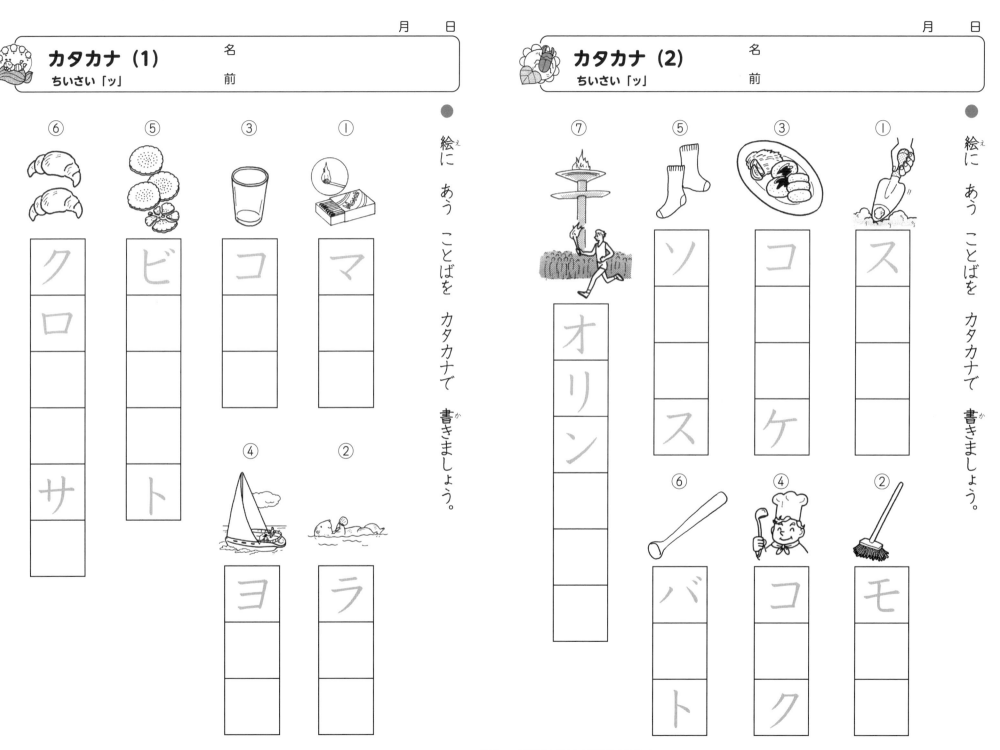

絵に あう ことばを カタカナで 書きましょう。

⑥ クロ　サ

⑤ ビ　ト

③ コ

① マ

④ ヨ

② ラ

絵に あう ことばを カタカナで 書きましょう。

⑦ オリン

⑤ ソ　ス

③ コ　ケ

① ス

⑥ バ　ト

④ コ　ク

② モ

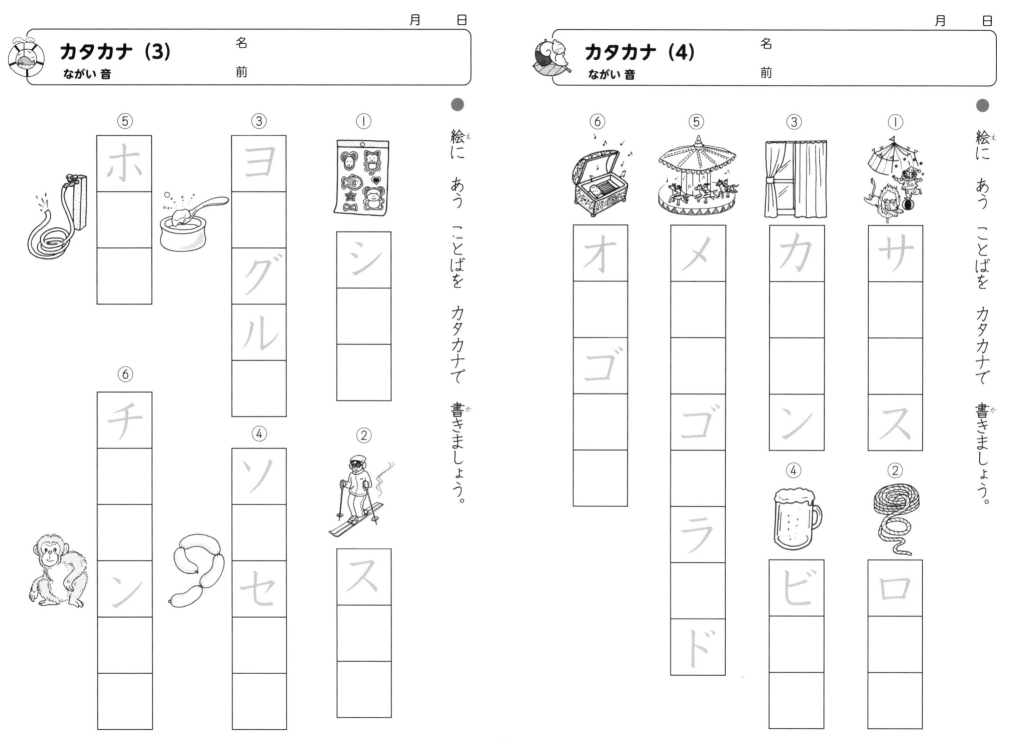

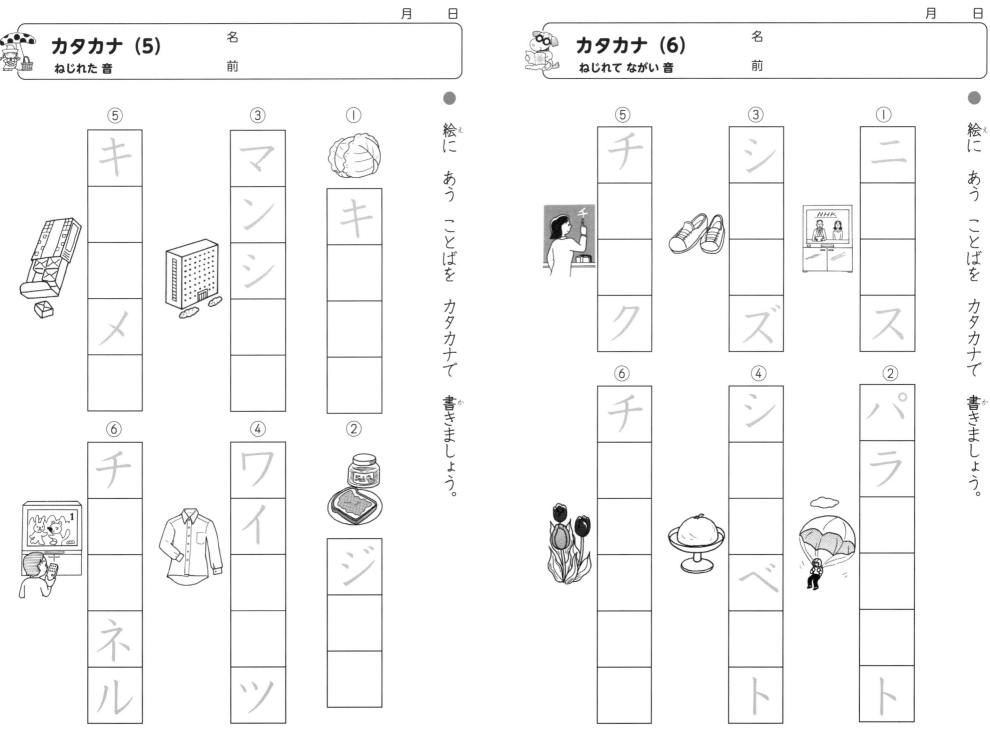

カタカナ (5)
ねじれた 音

名　前

月　日

絵に あう ことばを カタカナで 書きましょう。

⑤ キ　メ

③ マンシ

① キ

⑥ チ　ネル

④ ワイ　ツ

② ジ

カタカナ (6)
ねじれて ながい 音

名　前

月　日

絵に あう ことばを カタカナで 書きましょう。

⑤ チ　ク

③ シ　ズ

① ニ　ス

⑥ チ

④ シ　ベ　ト

② パラ　ト

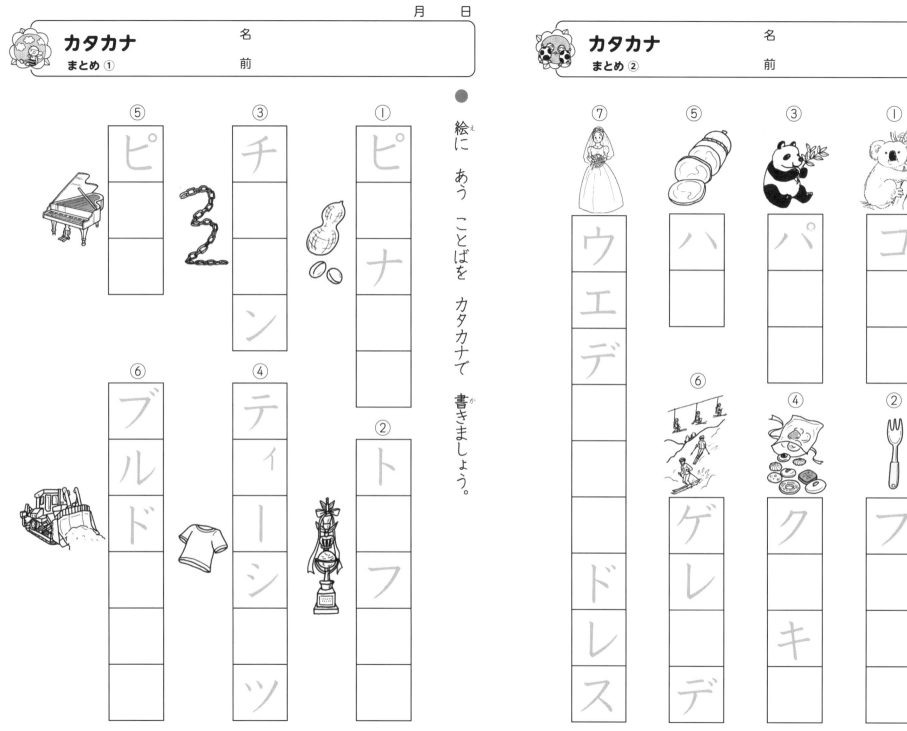

カタカナ まとめ ①

名前

月　日

絵に あう ことばを カタカナで 書きましょう。

⑤ ピ□□

③ チ□ン□

① ピナ□□□

⑥ ブルド□□□

④ ティーシ□ツ

② トフ□□

カタカナ まとめ ②

名前

月　日

絵に あう ことばを カタカナで 書きましょう。

⑦ ウエデ□□ドレス

⑤ ハ□

③ パ□□

① コ□

⑥ ゲレ□デ

④ クキ□□

② フ□

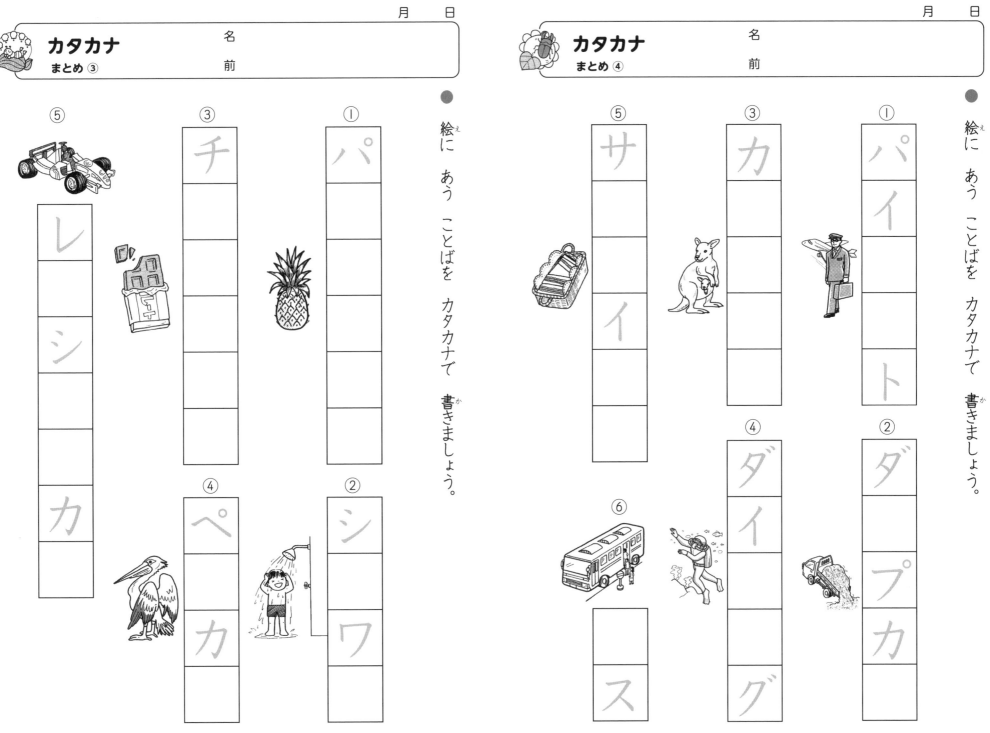

絵に あう ことばを カタカナで 書きましょう。

⑤

③　チ

①　パ

④　ペ　カ

②　シ　ワ

⑤　レ　シ　カ

絵に あう ことばを カタカナで 書きましょう。

⑤　サ　イ

③　カ

①　パ　イ　ト　ダ　プ　カ

④　ダ　イ　グ

②

⑥　ス

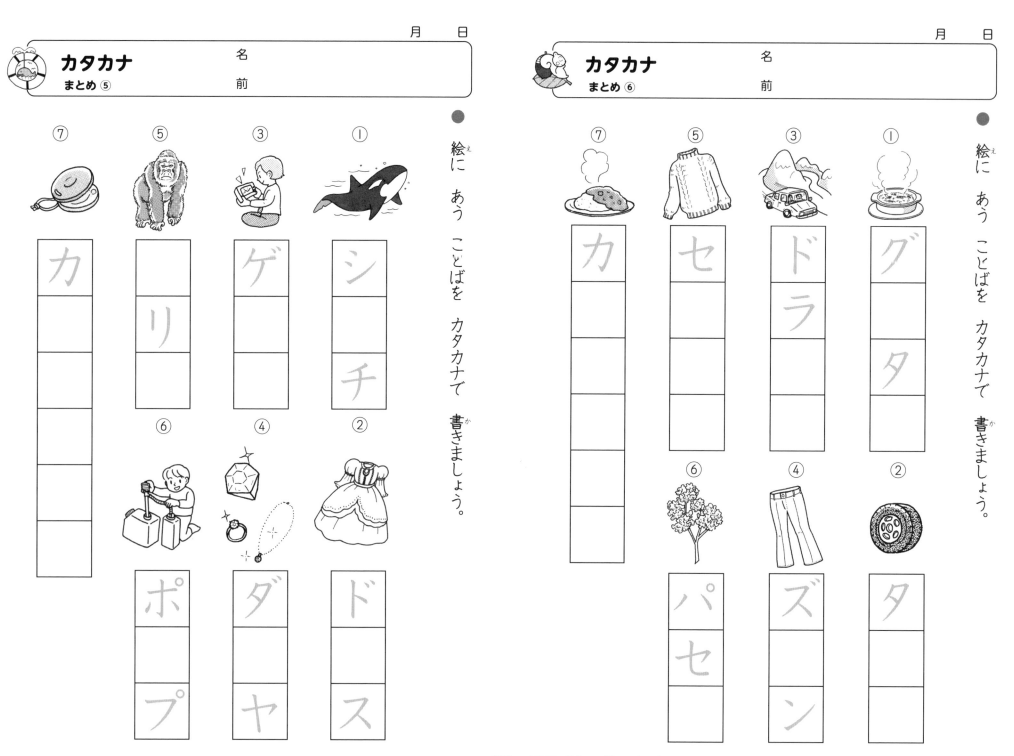

絵に あう ことばを カタカナで 書きましょう。

⑦ カ

⑤ リ

③ ゲ

① シ
チ

⑥ ポ
プ

④ ダ
ヤ

② ド
ス

絵に あう ことばを カタカナで 書きましょう。

⑦ カ

⑤ セ

③ ド
ラ

① グ
タ

⑥ パ
セ

④ ズ
ン

② タ

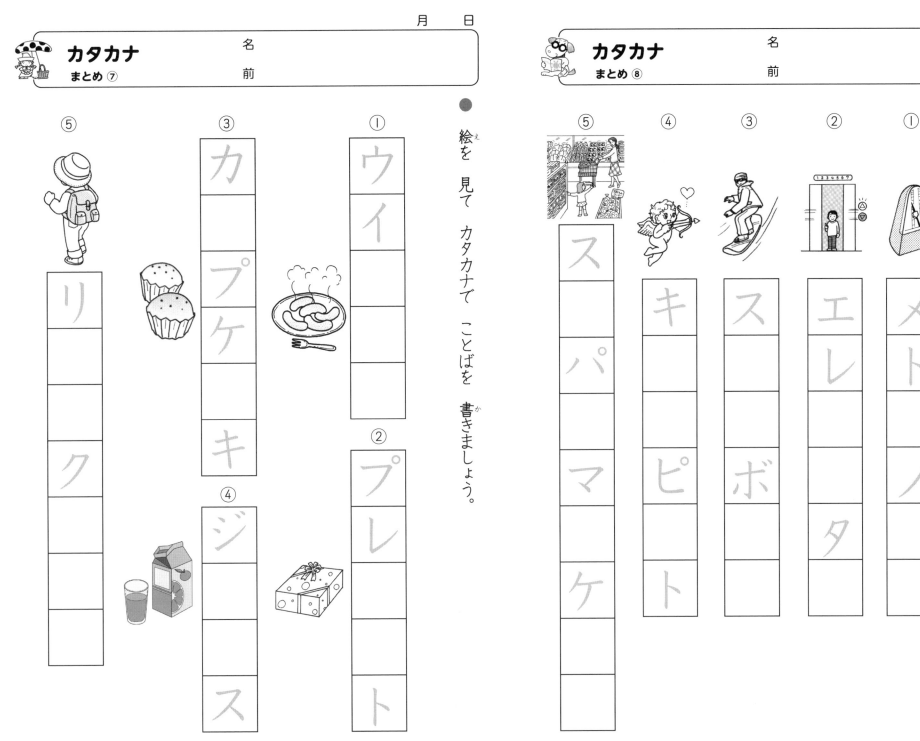

絵を　見て　カタカナで　ことばを　書きましょう。

⑤

③
カ
プ
ケ

キ

①
ウ
イ

②
プ
レ

ト

④
ジ

ス

リ

ク

絵を　見て　カタカナで　ことばを　書きましょう。

⑤
ス
パ
マ
ケ

④
キ

ピ

ト

③
ス

ボ

②
エ
レ

タ

①
メ
ト
ノ

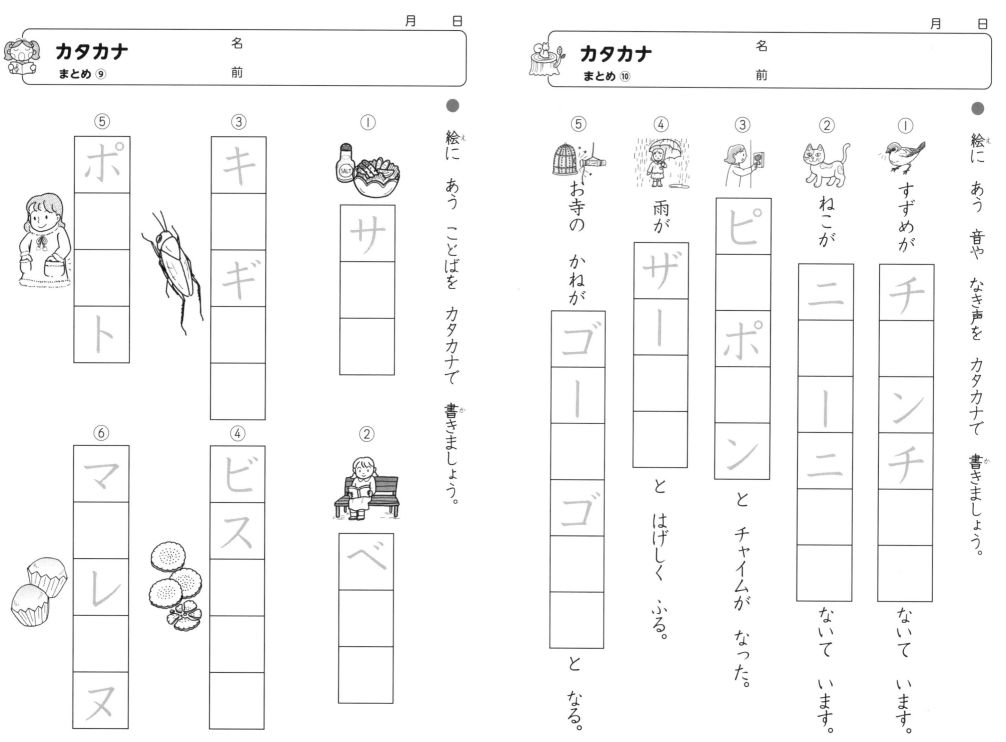

カタカナ　まとめ ⑨

● 絵に あう ことばを カタカナで 書きましょう。

① サ◻◻

② ベ◻◻

③ キ ギ ◻ ◻

④ ビ ス ◻ ◻

⑤ ポ ト ◻ ◻

⑥ マ レ ヌ ◻

カタカナ　まとめ ⑩

● 絵に あう 音や なき声を カタカナで 書きましょう。

① すずめが チ ン チ ◻ ◻ ないて います。

② ねこが ニ ー ニ ◻ ◻ ないて います。

③ ピ ポ ン と チャイムが なった。

④ 雨が ザ ー ◻ と はげしく ふる。

⑤ お寺の かねが ゴ ー ゴ ◻ と なる。

● 左の 文しょうを 下の マスに 同じように 書きうつしましょう。

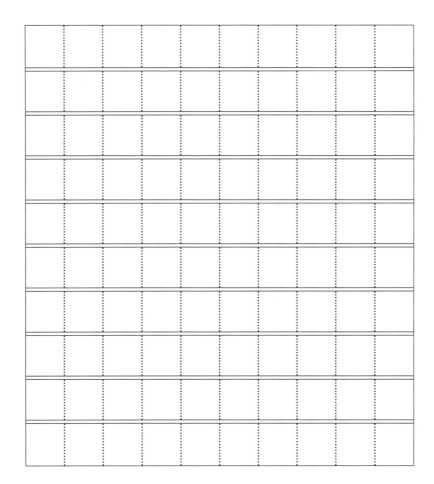

ぼくは、公園で、友だちと
かくれんぼを しました。
ゆうまさんは、ベンチの
後ろに かくれました。
さくらさんは、木の
かげに かくれて、
すぐに 見つけられ
ました。

視写（2）

名　前

● 左の　文しょうを　下の　マスに　同じように
　書きうつしましょう。

今日は、妹の五才のたんじょう日です。わたしは、お父さんとケーキやさんに行きました。丸くて大きいチョコレートケーキを買ってもらいました。夕方、お母さんがチョコレートケーキに、ろうそくを五本たてました。

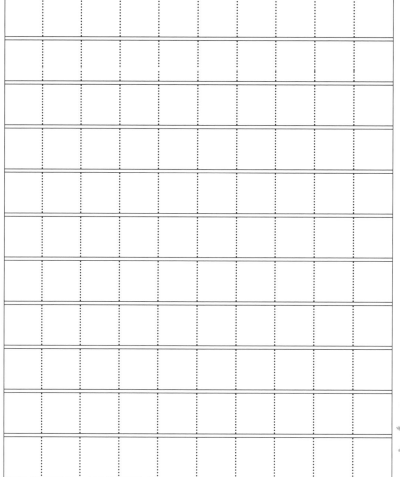

視写 (3)

● 左の 文しょうを 下の マスに、同じように 書きうつしましょう。

ウナギは、体の形がヘビににています。川やみずうみにすみ、海にたまごをうみます。ウナギは、さむくなると、海へたびに出ます。アナゴは、一生、海でくらします。

ウナギ

アナゴ

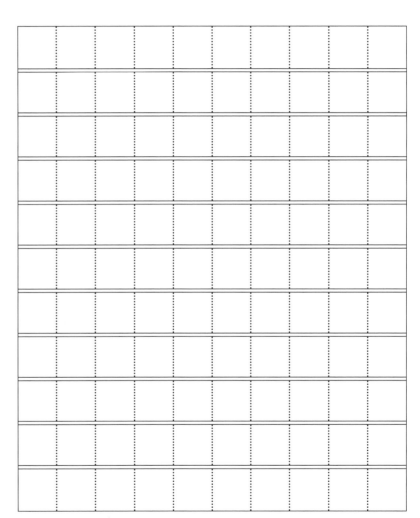

P.4

ひょうと グラフ (1)　名前

● まいさんの クラスで，すきな くだものを しらべました。

すきな くだもの

① 人数を ○を つかって，下の グラフに あらわしましょう。

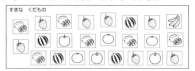

すきな くだもの

② グラフの 人数を，下の ひょうに 書きましょう。

くだもの	すいか	いちご	バナナ	マンゴー	みかん	りんご
人数(人)	4	7	1	6	3	3

ふくしゅう
① 5+3 **8**　② 6+2 **8**　③ 3+4 **7**　④ 3+3 **6**
⑤ 8+3 **11**　⑥ 9+4 **13**　⑦ 6+7 **13**　⑧ 8+5 **13**
⑨ 7+8 **15**　⑩ 9+9 **18**　⑪ 7+4 **11**　⑫ 9+8 **17**

ひょうと グラフ (2)　名前

● すきな きゅう食を しらべて，下の グラフに あらわしました。

すきな きゅう食

① 左の グラフを 見て，下の ひょうに 人数を 書きましょう。

きゅう食	ハンバーグ	カレーライス	からあげ	ラーメン	うどん
人数(人)	4	5	7	4	3

② すきな 人が いちばん 多い きゅう食は 何ですか。
（ からあげ ）

③ すきな 人の 数が 同じ きゅう食は 何と 何ですか。
（ ハンバーグ ）と（ ラーメン ）

④ からあげが すきな 人は うどんが すきな 人より 何人 多いですか。
（ 4人 ）

● ひろしさんは どんぐりを 9こ ひろいました。おとうとは どんぐりを 3こ ひろいました。あわせて 何こ ひろいましたか。
しき 9＋3＝12
答え 12こ

P.5

ひょうと グラフ　まとめ　名前

● ゆうとさんの クラスで，そだてたい やさいを 1人 1つずつ えらびました。

そだてたい やさい

① 人数を ○を つかって，下の グラフに あらわしましょう。

そだてたい やさい

② 下の ひょうに 人数を 書きましょう。

やさい	きゅうり	トマト	なす	ピーマン	じゃがいも
人数(人)	8	6	4	3	5

③ そだてたい 人が いちばん 多い やさいは 何ですか。
（ きゅうり ）

④ きゅうりを そだてたい 人数は，ピーマンを そだてたい 人数より 何人 多いですか。
（ 5人 ）

⑤ トマトを そだてたい 人数は，なすを そだてたい 人数より 何人 多いですか。
（ 2人 ）

たし算の ひっ算 (1)　名前　くり上がりなし

① ゆりかさんは，おり紙を 32まい もって います。いもうとは，おり紙を 24まい もって います。おり紙は，あわせて 何まいに なりますか。

① しきを 書きましょう。
（ 32＋24 ）

② くらいを そろえて 計算しましょう。
```
  32
+ 24
  56
```

③ 答えを 書きましょう。
（ 56まい ）

② ひっ算で しましょう。
① 37+12 **49**　② 23+35 **58**　③ 14+54 **68**　④ 64+25 **89**

ふくしゅう
① 3+6 **9**　② 4+4 **8**　③ 2+7 **9**　④ 3+2 **5**
⑤ 5+7 **12**　⑥ 6+6 **12**　⑦ 3+7 **10**　⑧ 9+3 **12**

● はっぱに かたつむりが 5ひき います。そこへ 7ひき やって きました。かたつむりは 何びきに なりましたか。
しき 5＋7＝12
答え 12ひき

P.6

たし算の ひっ算 (2)　名前　くり上がりなし

① 23+45の ひっ算を します。
（ ）に あてはまる 数を 書きましょう。
```
  2 3
+ 4 5
```
【一のくらい】
3+（5）=（8）
一のくらいの 答えは （8）
【十のくらい】
2+（4）=（6）
十のくらいの 答えは （6）
23＋45＝（68）

② ひっ算で しましょう。
① 36+42 **78**　② 52+34 **86**　③ 14+50 **64**　④ 60+38 **98**

復習
① 7+6 **13**　② 3+5 **8**　③ 4+9 **13**　④ 7+7 **14**
⑤ 9+5 **14**　⑥ 6+5 **11**　⑦ 6+4 **10**　⑧ 8+7 **15**

● トマトが かごに 5こ，れいぞうこに 6こ あります。トマトは ぜんぶで 何こ ありますか。
しき 5＋6＝11
答え 11こ

たし算の ひっ算 (3)　名前　くり上がりなし

① ひっ算で しましょう。
① 45+21 **66**　② 62+16 **78**　③ 70+23 **93**　④ 33+50 **83**
⑤ 63+4 **67**　⑥ 82+5 **87**　⑦ 3+41 **44**　⑧ 2+27 **29**
⑨ 40+2 **42**　⑩ 3+30 **33**　⑪ 4+50 **54**　⑫ 90+9 **99**

② たつきさんは，本を 朝に 23ページ，夕方に 15ページ 読みました。あわせて 何ページ 読みましたか。
しき 23＋15＝38
答え 38ページ

ふくしゅう
① 3+8 **11**　② 4+6 **10**　③ 9+4 **13**　④ 5+4 **9**
⑤ 6+8 **14**　⑥ 7+5 **12**　⑦ 4+7 **11**　⑧ 9+2 **11**

P.7

たし算の ひっ算 (4)　名前　くり上がりあり

① 38+27の ひっ算を します。
（ ）に あてはまる 数を 書きましょう。
```
  3 8
+ 2 7
```
【一のくらい】
8+（7）=15
一のくらいの 答えは （5）
十のくらいに （1）くり上げる。
（1）+3+2=（6）
十のくらいの 答えは （6）
38＋27＝（65）

② ひっ算で しましょう。
① 48+46 **94**　② 25+47 **72**　③ 46+28 **74**　④ 39+37 **76**
⑤ 25+45 **70**　⑥ 72+18 **90**　⑦ 13+67 **80**　⑧ 24+36 **60**

③ 38円の ゼリーと 27円の ラムネを 買います。だい金は いくらに なりますか。
しき 38＋27＝65
答え 65円

たし算の ひっ算 (5)　名前　くり上がりあり

① ひっ算で しましょう。
① 24+57 **81**　② 53+38 **91**　③ 36+34 **70**　④ 29+51 **80**
⑤ 38+7 **45**　⑥ 2+49 **51**　⑦ 29+5 **34**　⑧ 8+58 **66**
⑨ 24+6 **30**　⑩ 66+4 **70**　⑪ 1+49 **50**　⑫ 8+42 **50**

② まいさんは，あめを 23こ もって います。お姉さんに 9こ もらいました。ぜんぶで 何こに なりましたか。
しき 23＋9＝32
答え 32こ

ふくしゅう
① 9-5 **4**　② 7-6 **1**　③ 5-3 **2**　④ 6-2 **4**
⑤ 11-5 **6**　⑥ 13-8 **5**　⑦ 12-9 **3**　⑧ 13-6 **7**

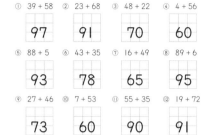

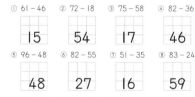

P.8

たし算の ひっ算 (6)
くり上がりなし・あり　名前

● ひっ算で しましょう。

① 29 + 46 → 75
② 73 + 8 → 81
③ 43 + 26 → 69
④ 47 + 46 → 93
⑤ 9 + 30 → 39
⑥ 37 + 3 → 40
⑦ 14 + 76 → 90
⑧ 46 + 38 → 84
⑨ 52 + 38 → 90
⑩ 72 + 17 → 89
⑪ 8 + 42 → 50
⑫ 39 + 45 → 84
⑬ 44 + 26 → 70
⑭ 17 + 74 → 91
⑮ 40 + 30 → 70
⑯ 44 + 34 → 78
⑰ 19 + 17 → 36
⑱ 4 + 36 → 40
⑲ 47 + 28 → 75
⑳ 34 + 58 → 92

たし算の ひっ算 (7)
たし算の きまり　名前

① 26 + 38 の ひっ算を しましょう。
また，たされる数と たす数を 入れかえて 計算して，答えが
同じに なることを たしかめましょう。

26 + 38 = 64　38 + 26 = 64

② 答えが 同じに なる しきを 見つけて，線で むすびましょう。

62 + 29 ── 29 + 62
26 + 34 ╳ 62 + 34
34 + 62 ── 34 + 26

ふくしゅう
① 7-5 = 2　② 8-3 = 5　③ 7-4 = 3　④ 6-3 = 3
⑤ 13-7 = 6　⑥ 14-8 = 6　⑦ 11-3 = 8　⑧ 12-7 = 5
⑨ 13-9 = 4　⑩ 11-9 = 2　⑪ 14-7 = 7　⑫ 12-4 = 8
⑬ 12-8 = 4　⑭ 15-8 = 7　⑮ 14-6 = 8　⑯ 11-4 = 7

● 赤い チューリップと 黄色い チューリップが，あわせて 14本
さいて います。赤い チューリップは 7本です。
黄色い チューリップは 何本ですか。

しき 14 - 7 = 7

答え 7本

8　(122%に拡大してご使用ください)

P.9

たし算の ひっ算
まとめ ①　名前

① ひっ算で しましょう。

① 39 + 58 → 97
② 23 + 68 → 91
③ 48 + 22 → 70
④ 4 + 56 → 60
⑤ 88 + 5 → 93
⑥ 43 + 35 → 78
⑦ 16 + 49 → 65
⑧ 89 + 6 → 95
⑨ 27 + 46 → 73
⑩ 7 + 53 → 60
⑪ 55 + 35 → 90
⑫ 19 + 72 → 91

② 公園に おとなが 19人 います。子どもは おとなより 8人
多いです。公園に いる 子どもは 何人ですか。

しき 19 + 8 = 27

答え 27人

③ ゆいさんは，朝に 本を 34ページ 読みました。夜には
27ページ 読みました。あわせて 何ページ 読みましたか。

しき 34 + 27 = 61

答え 61ページ

たし算の ひっ算
まとめ ②　名前

① つぎの ひっ算が 正しければ ○を，まちがっていれば 正しい
答えを，（　）に 書きましょう。

①
```
  57
+ 16
  73
```
（ ○ ）

②
```
  38
+ 48
  76
```
（ 86 ）

③
```
  52
+ 37
  99
```
（ 89 ）

④
```
  77
+  8
  85
```
（ ○ ）

② 答えが 同じに なる しきを □から えらんで，（　）に
記ごうを 書きましょう。

46 + 38　（ イ ）
53 + 28　（ エ ）
28 + 35　（ ア ）

ア	35 + 28
イ	38 + 46
ウ	46 + 53
エ	28 + 53
オ	38 + 28

③ 右の 中から おかしを 2つ
えらんで 買います。

ガム32円　ポテトチップス46円　せんべい47円　グミ38円

① ポテトチップスと グミを
買うと，何円に なりますか。

しき 46 + 38 = 84

答え 84円

② 何と 何を 買うと，ちょうど 70円に なりますか。

（ ガム ）と（ グミ ）

9　(122%に拡大してご使用ください)

P.10

ひき算の ひっ算 (1)
くり下がりなし　名前

① かおりさんは，おり紙を 68まい もって いました。
25まい つかいました。のこりは 何まいに なりましたか。

① しきを 書きましょう。

（ 68 - 25 ）

② くらいを そろえて
計算しましょう。

```
  68
- 25
  43
```

③ 答えを 書きましょう。

（ 43まい ）

② ひっ算で しましょう。

① 89 - 26 → 63
② 75 - 43 → 32
③ 68 - 22 → 46
④ 48 - 24 → 24

ふくしゅう
① 6-3 = 3　② 5-4 = 1　③ 8-2 = 6　④ 7-3 = 4
⑤ 13-5 = 8　⑥ 15-9 = 6　⑦ 14-5 = 9　⑧ 11-6 = 5

● 白い 花が 5本，赤い 花が 12本 さいて います。
どちらが 何本 多いですか。

しき 12 - 5 = 7

赤い 花が 7本 多い。

ひき算の ひっ算 (2)
くり下がりなし　名前

① 76 - 24 の ひっ算を します。
（　）に あてはまる 数を 書きましょう。

```
  76
- 24
```
[一のくらい]
6 - (4) = (2)
一のくらいの 答えは (2)
[十のくらい]
7 - (2) = (5)
十のくらいの 答えは (5)

76 - 24 = (52)

② ひっ算で しましょう。

① 68 - 26 → 42
② 36 - 13 → 23
③ 99 - 23 → 76
④ 85 - 44 → 41

ふくしゅう
① 8-4 = 4　② 12-7 = 5　③ 13-6 = 7　④ 14-8 = 6
⑤ 17-9 = 8　⑥ 11-5 = 6　⑦ 6-4 = 2　⑧ 10-4 = 6

● お兄さんは 13才です。弟は お兄さんより 5才 年下です。
弟は 何才ですか。

しき 13 - 5 = 8

答え 8才

10　(122%に拡大してご使用ください)

P.11

ひき算の ひっ算 (3)
くり下がりなし　名前

① ひっ算で しましょう。

① 45 - 21 → 24
② 68 - 16 → 52
③ 78 - 24 → 54
④ 67 - 53 → 14
⑤ 56 - 26 → 30
⑥ 83 - 73 → 10
⑦ 84 - 60 → 24
⑧ 91 - 20 → 71
⑨ 86 - 83 → 3
⑩ 78 - 71 → 7
⑪ 72 - 2 → 70
⑫ 49 - 9 → 40

② バスに 25人 のって います。つぎの バスていで 11人
おりました。バスに のって いる 人は 何人に なりましたか。

しき 25 - 11 = 14

答え 14人

ふくしゅう
① 14-9 = 5　② 11-3 = 8　③ 15-9 = 6　④ 16-8 = 8
⑤ 12-9 = 3　⑥ 14-5 = 9　⑦ 11-4 = 7　⑧ 12-5 = 7

ひき算の ひっ算 (4)
くり下がりあり　名前

① 56 - 29 の ひっ算を します。
（　）に あてはまる 数を 書きましょう。

```
  56
- 29
```
[一のくらい]
6から 9は ひけない。
十のくらいから (1) くり下げる。
(16) - 9 = (7)　一のくらいの 答えは (7)
[十のくらい]
1くり下げたので 4
(4) - 2 = (2)　十のくらいの 答えは (2)

56 - 29 = (27)

② ひっ算で しましょう。

① 61 - 46 → 15
② 72 - 18 → 54
③ 75 - 58 → 17
④ 82 - 36 → 46
⑤ 96 - 48 → 48
⑥ 82 - 55 → 27
⑦ 51 - 35 → 16
⑧ 83 - 24 → 59

③ シールが 62まい あります。27まい つかいました。
のこりの シールは 何まいですか。

しき 62 - 27 = 35

答え 35まい

11　(122%に拡大してご使用ください)

P.12

ひき算の ひっ算 (5)　くり下がりあり

① ひっ算で しましょう。

① 91 − 26　② 60 − 43　③ 70 − 36　④ 80 − 18
65　**17**　**34**　**62**

⑤ 73 − 66　⑥ 82 − 77　⑦ 43 − 39　⑧ 70 − 61
7　**5**　**4**　**9**

⑨ 64 − 8　⑩ 73 − 6　⑪ 50 − 6　⑫ 90 − 7
56　**67**　**44**　**83**

② はるきさんは，72円 もって います。59円の チョコレートを 買います。のこりは いくらに なりますか。
しき 72 − 59 = 13
答え **13円**

ふくしゅう
① 43 + 53　② 6 + 43　③ 29 + 43　④ 58 + 6
96　**49**　**72**　**64**

ひき算の ひっ算 (6)　くり下がりなし・あり

● ひっ算で しましょう。

① 82 − 36　② 90 − 56　③ 72 − 48　④ 82 − 32
46　**34**　**24**　**50**

⑤ 63 − 55　⑥ 76 − 24　⑦ 92 − 7　⑧ 63 − 59
8　**52**　**85**　**4**

⑨ 80 − 44　⑩ 72 − 58　⑪ 81 − 75　⑫ 73 − 8
36　**14**　**6**　**65**

⑬ 71 − 26　⑭ 50 − 8　⑮ 94 − 43　⑯ 47 − 29
45　**42**　**51**　**18**

⑰ 77 − 35　⑱ 60 − 25　⑲ 83 − 57　⑳ 45 − 18
42　**35**　**26**　**27**

12 （122%に拡大してご使用ください）

P.13

ひき算の ひっ算 (7)　答えの たしかめ

① <れい>のように，ひき算を しましょう。そして，ひき算の 答えを たし算で たしかめましょう。

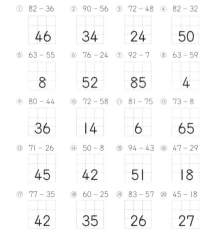

<れい>
72 − 18 = 54　54 + 18 = 72

①
54 − 36 = 18　→　18 + 36 = 54

②
80 − 46 = 34　→　34 + 46 = 80

③
62 − 55 = 7　→　7 + 55 = 62

④
91 − 7 = 84　→　84 + 7 = 91

② 下の ひき算の 答えの たしかめに なる しきを □から えらんで，（ ）に 記ごうを 書きましょう。

① 49 − 37　（ ウ ）
② 66 − 50　（ イ ）
③ 73 − 7　（ エ ）
④ 55 − 49　（ ア ）
⑤ 82 − 35　（ オ ）

ア 6 + 49
イ 16 + 50
ウ 12 + 37
エ 66 + 7
オ 47 + 35

ふくしゅう
① 34 + 62　② 32 + 6　③ 38 + 47　④ 8 + 56
96　**38**　**85**　**64**

ひき算の ひっ算　まとめ①

① ひっ算で しましょう。

① 46 − 3　② 55 − 27　③ 60 − 49　④ 73 − 7
43　**28**　**11**　**66**

⑤ 84 − 48　⑥ 27 − 9　⑦ 84 − 80　⑧ 62 − 46
36　**18**　**4**　**16**

⑨ 73 − 26　⑩ 41 − 38　⑪ 70 − 23　⑫ 96 − 65
47　**3**　**47**　**31**

② ゆうたさんは，本を 67ページ 読みました。ひろみさんは，75ページ 読みました。どちらが 何ページ 多く 読みましたか。
しき 75 − 67 = 8

ひろみさんが 8 ページ 多い。

③ ミニトマトが 42こ できて います。何こか とったので，のこりが 25こに なりました。何こ とりましたか。
しき 42 − 25 = 17
答え **17こ**

13 （122%に拡大してご使用ください）

P.14

ひき算の ひっ算　まとめ②

① つぎの ひっ算が 正しければ ○を，まちがっていれば 正しい 答えを，（ ）に 書きましょう。

①
61 − 29 = 32　（ ○ ）

②
52 − 18 = 44　（ 34 ）

③
83 − 46 = 37　（ ○ ）

④
70 − 24 = 44　（ 46 ）

② つぎの ひっ算を しましょう。また，答えの たしかめに なる しきを 下の □から えらんで，（ ）に 記ごうを 書きましょう。

①
70 − 29 = 41　（ ウ ）

②
43 − 20 = 23　（ エ ）

③
64 − 29 = 35　（ ア ）

④
93 − 64 = 29　（ イ ）

ア 35 + 29　イ 29 + 64　ウ 41 + 29　エ 23 + 20

③ しょうたさんは，80円 もって います。62円の ガムを 買うと，のこりは 何円に なりますか。
しき 80 − 62 = 18
答え **18円**

長さ (1)

① 下の 図の たてと よこの 長さを くらべましょう。どちらが どれだけ 長いですか。

（よこ）の ほうが ブロック（ 6 ）こ分 長い。

② ひろしさんは，下のように あと いの 長さを くらべて，「あの ほうが ブロックの 数が 多いから 長い。」と いって います。

① ひろしさんの 考えは あって いますか。
（まちがって いる。）

② なぜ，そのように 考えたのか 書きましょう。

（例）何かの 何こ分で 長さを くらべる ときには，同じ 長さの ものを 使って はからないと くらべられないから。

ふくしゅう
① 20 + 8　② 2 + 28　③ 49 + 6　④ 45 + 5
28　**30**　**55**　**50**

14 （122%に拡大してご使用ください）

P.15

長さ (2)

① 長さを はかる たんい，cm（センチメートル）を 書く れんしゅうを しましょう。
① 1cmから 6cmまで なぞりましょう。
② 7cmから 10cmまで 書きましょう。

1cm　2cm　3cm　4cm　5cm
6cm　7cm　8cm　9cm　10cm

② つぎの ものの 長さを，1ます 1cmの 用紙を つかって はかります。何cmですか。

①

（ 6 cm）

②
（ 3 cm）

ふくしゅう
① 27 + 6　② 38 + 9　③ 6 + 41　④ 76 + 7
33　**47**　**47**　**83**

長さ (3)

① つぎの ものの 長さを，ものさしで はかります。何cmですか。

①

（ 6cm ）

②
（ 13cm ）

② 左はしから，⑦，⑦，⑦までの 長さは，それぞれ 何cmですか。

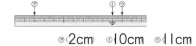

⑦ **2cm**　⑦ **10cm**　⑦ **11cm**

ふくしゅう
① 67 − 8　② 73 − 3　③ 72 − 5　④ 61 − 3
59　**70**　**67**　**58**

15 （122%に拡大してご使用ください）

P.16

長さ（4） 名前

① 長さの たんい，mm を 学しゅうしましょう。

(1) （　）に あてはまる ことばや 数を 書きましょう。
1cm を 同じ 長さに，（10）に 分けた 1つ分の 長さを 1（ミリメートル）といい，1mm と 書きます。
1cm ＝（10）mm

(2) mm を 書く れんしゅうを しましょう。
① 1mm から 6mm まで なぞりましょう。
② 7mm から 10mm まで 書きましょう。

1mm　2mm　3mm　4mm　5mm
6mm　7mm　8mm　9mm　10mm

② 左はしから，⑦，④，⑰ までの 長さは，それぞれ どれだけですか。

⑦（2 mm）　④（1cm 5 mm）　⑰（4cm 8 mm）

ふくしゅう
● （　）に あてはまる 数を 書きましょう。
① 68 − 3　② 71 − 5　③ 43 − 9　④ 60 − 8
65　66　34　52

長さ（5） 名前

① つぎの ものの 長さを，ものさしで はかります。何cm何mm ですか。

① 4cm4mm
② 6cm8mm

② 左はしから，⑦，④，⑰，⑤ までの 長さは，それぞれ どれだけですか。

⑦（3mm）　④（3cm 5mm）
⑰（7cm7mm）　⑤（10cm2mm）

ふくしゅう
● （　）に あてはまる 数を 書きましょう。
① 53は，10が（5）こと 1が（3）こです。
② 78は，10が（7）こと 1が（8）こです。
③ 10が 4こと 1が 6この 数は（46）です。
④ 10が 6この 数は（60）です。

16　（122%に拡大してご使用ください）

P.17

長さ（6） 名前

● つぎの 長さの 直線を ▶から ひきましょう。
① 6cm　　▶
② 3cm5mm　▶
③ 5cm2mm　▶
④ 7cm8mm　▶
⑤ 4cm6mm▶　　⑥ 8cm4mm↘

略

⑦ 10cm7mm↑

ふくしゅう
● （　）に あてはまる 数を 書きましょう。
① 十のくらいが 7，一のくらいが 8の 数は（78）です。
② 十のくらいが 8，一のくらいが 0の 数は（80）です。
③ 65の 十のくらいは（6），一のくらいは（5）です。
④ 94の 十のくらいは（9），一のくらいは（4）です。
⑤ 80の 十のくらいは（8），一のくらいは（0）です。

長さ（7） 名前

① つぎの 長さを ものさしで はかります。何cm何mm ですか。また，何mm ですか。

① （　cm　mm），（　mm）
② 略　（　cm　mm），（　mm）

② （　）に あてはまる 数を 書きましょう。
① 2cm3mm ＝（23）mm
② 5cm ＝（50）mm
③ 10cm ＝（100）mm
④ 10cm9mm ＝（109）mm
⑤ 34mm ＝（3）cm（4）mm
⑥ 60mm ＝（6）cm
⑦ 120mm ＝（12）cm
⑧ 125mm ＝（12）cm（5）mm

17　（122%に拡大してご使用ください）

P.18

長さ（8） 名前

① 長さの たし算と ひき算を しましょう。
① 3cm ＋ 5cm ＝ 8cm
② 7cm − 4cm ＝ 3cm

② スタートから ゴールまでの ⑦と ④の 道の 長さを くらべましょう。

① ④の 道の 長さは 何cm ですか。
しき 5cm ＋ 4cm ＝ 9cm
答え 9cm

② ⑦の 道と ④の 道の 長さの ちがいは 何cm ですか。
しき 9cm − 7cm ＝ 2cm
答え 2cm

ふくしゅう
● つぎの 数を 数字で 書きましょう。
① 100を 1こと 10を 1こと 1を 8こ あわせた 数（118）
② 100を 1こと 10を 0こと 1を 5こ あわせた 数（105）

長さ（9） 名前

① 計算を しましょう。
① 4mm ＋ 3mm　　7mm
② 5cm4mm ＋ 2cm　7cm4mm
③ 6cm ＋ 7cm6mm　13cm6mm
④ 14cm4mm ＋ 3mm　14cm8mm
⑤ 8cm2mm ＋ 3cm5mm　11cm7mm
⑥ 5cm7mm ＋ 3mm　6cm
⑦ 9mm − 5mm　　4mm
⑧ 7cm8mm − 2cm　5cm8mm
⑨ 9cm3mm − 4mm　9cm3mm
⑩ 12cm6mm − 6mm　12cm
⑪ 5cm8mm − 2cm5mm　3cm3mm
⑫ 8cm7mm − 8cm　7mm

② ⑦の テープは 4cmです。④の テープは 6cm5mmです。
① ⑦と ④の 2本の テープを かさならないように つなぐと，何cm何mmに なりますか。
しき 4cm ＋ 6cm5mm ＝ 10cm5mm
答え 10cm5mm

② ⑦と ④の 2本の テープの 長さの ちがいは，何cm何mmですか。
しき 6cm5mm − 4cm ＝ 2cm5mm
答え 2cm5mm

18　（122%に拡大してご使用ください）

P.19

長さ まとめ① 名前

① テープの 長さは 何cm何mm ですか。また，それは 何mm ですか。

① （5）cm（5）mm （55）mm
② （8）cm（4）mm （84）mm
③ （10）cm（8）mm （108）mm

② つぎの 長さの 直線を ▶から ひきましょう。
① 4cm　▶
② 6cm7mm　略

③ 長い ほうに ○を つけましょう。
① （1cm，9mm）←○1cm
② （5cm，49mm）←○5cm
③ （76mm，7cm7mm）←○7cm7mm

④ （　）に あてはまる 長さの たんい（cm，mm）を 書きましょう。
① えんぴつの 長さ　14（cm）
② ノートの あつさ　4（mm）

長さ まとめ② 名前

① （　）に あてはまる 数を 書きましょう。
① 3cm ＝（30）mm
② 4cm7mm ＝（47）mm
③ 10cm5mm ＝（105）mm
④ 52mm ＝（5）cm（2）mm
⑤ 70mm ＝（7）cm
⑥ 128mm ＝（12）cm（8）mm

② 計算を しましょう。
① 4cm3mm ＋ 4mm　4cm7mm
② 6cm2mm ＋ 4cm　10cm2mm
③ 5cm8mm ＋ 2mm　6cm
④ 9cm6mm − 6cm　3cm6mm
⑤ 7cm3mm ＋ 4cm　7cm3mm
⑥ 10cm5mm − 8cm　2cm5mm

③ ⑦の テープは 6cm4mmです。④の テープは 8cm4mmです。
① ⑦と ④の 2本の テープの 長さの ちがいは，何cm何mm ですか。
しき 8cm4mm − 6cm4mm ＝ 2cm
答え 2cm

② ⑦と ④の 2本の テープを かさならないように つなぐと，何cm何mmに なりますか。
6cm4mm ＋ 8cm4mm ＝ 14cm8mm
答え 14cm8mm

19　（122%に拡大してご使用ください）

児童に実施させる前に，必ず指導される方が問題を解いてください。本書の解答は，あくまでも1つの例です。指導される方の作られた解答をもとに，本書の解答例を参考に児童の多様な考えに寄り添って○つけをお願いします。

P.20

1000までの 数 (1) 名前　月　日

● ■は ぜんぶで 何こ ありますか。

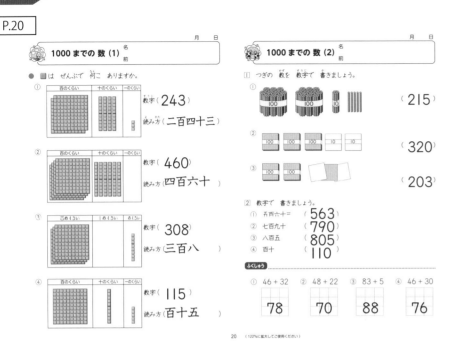

① 数字（243）読み方（二百四十三）
② 数字（460）読み方（四百六十）
③ 数字（308）読み方（三百八）
④ 数字（115）読み方（百十五）

1000までの 数 (2) 名前　月　日

① つぎの 数を 数字で 書きましょう。

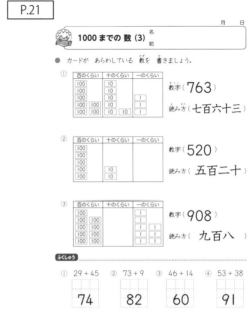

① （215）
② （320）
③ （203）

② 数字で 書きましょう。
① 五百六十三（563）
② 七百九十（790）
③ 八百五（805）
④ 百十（110）

ふくしゅう

① 46 + 32 ＝ 78
② 48 + 22 ＝ 70
③ 83 + 5 ＝ 88
④ 46 + 30 ＝ 76

20　（122%に拡大してご使用ください）

P.21

1000までの 数 (3) 名前　月　日

● カードが あらわしている 数を 書きましょう。

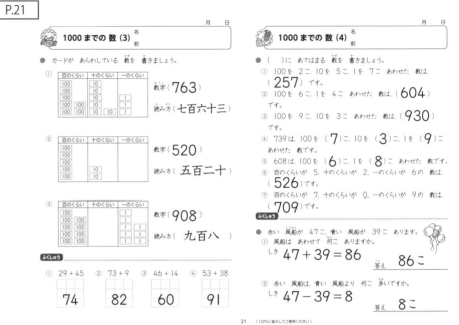

① 数字（763）読み方（七百六十三）
② 数字（520）読み方（五百二十）
③ 数字（908）読み方（九百八）

ふくしゅう

① 29 + 45 ＝ 74
② 73 + 9 ＝ 82
③ 46 + 14 ＝ 60
④ 53 + 38 ＝ 91

1000までの 数 (4) 名前　月　日

● （　）に あてはまる 数を 書きましょう。

① 100を 2こ、10を 5こ、1を 7こ あわせた 数は、（257）です。
② 100を 6こ、1を 4こ あわせた 数は（604）です。
③ 100を 9こ、10を 3こ あわせた 数は（930）です。
④ 739は、100を（7）こ、10を（3）こ、1を（9）こ あわせた 数です。
⑤ 608は、100を（6）こ、1を（8）こ あわせた 数です。
⑥ 百のくらいが 5、十のくらいが 2、一のくらいが 6の 数は（526）です。
⑦ 百のくらいが 7、十のくらいが 0、一のくらいが 9の 数は（709）です。

ふくしゅう

● 赤い 風船が 47こ、青い 風船が 39こ あります。
① 風船は あわせて 何こ ありますか。
しき 47 ＋ 39 ＝ 86　　答え 86こ

② 赤い 風船は、青い 風船より 何こ 多いですか。
しき 47 － 39 ＝ 8　　答え 8こ

21　（122%に拡大してご使用ください）

P.22

1000までの 数 (5) 名前　月　日

① （　）に あてはまる 数を 書きましょう。
① 10を 12こ あつめた 数は いくつですか。

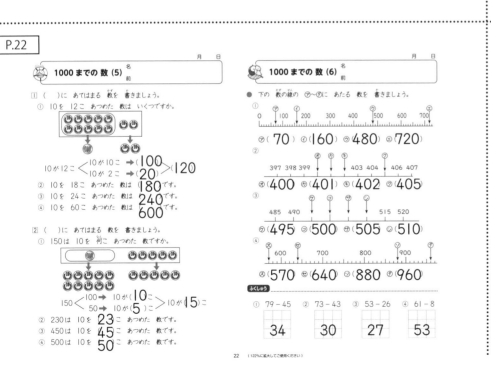

10が 12こ ＜ 10が 10こ → 100 ＞ 120
　　　　　　 10が 2こ → 20

② 10を 18こ あつめた 数は 180です。
③ 10を 24こ あつめた 数は 240です。
④ 10を 60こ あつめた 数は 600です。

② （　）に あてはまる 数を 書きましょう。
① 150は 10を 何こ あつめた 数ですか。

150 ＜ 100 → 10が（10）こ ＞ 15こ
　　　 50 → 10が（5）こ

② 230は 10を 23こ あつめた 数です。
③ 450は 10を 45こ あつめた 数です。
④ 500は 10を 50こ あつめた 数です。

1000までの 数 (6) 名前　月　日

● 下の 数の線の ⑦～㉝に あたる 数を 書きましょう。

①
⑦（70）④（160）⑨（480）㋤（720）

②
④（400）㋬（401）㋜（402）㋣（405）

③
⑦（495）㋒（500）㋠（505）㋡（510）

④
㋑（570）（640）（880）㋢（960）

ふくしゅう

① 79 - 45 ＝ 34
② 73 - 43 ＝ 30
③ 53 - 26 ＝ 27
④ 61 - 8 ＝ 53

22　（122%に拡大してご使用ください）

P.23

1000までの 数 (7) 名前　月　日

● 下の 数の線を 見て、1000について （　）に あてはまる 数を 書きましょう。

① 100を（10）こ あつめた 数を 千といい、1000と 書きます。
② 1000は、10を 100こ あつめた 数です。
③ 900は、あと 100で 1000に なります。
④ 1000より 200 小さい 数は 800です。
⑤ 1000より 1 小さい 数は 999です。
⑥ 1000より 10 小さい 数は 990です。

ふくしゅう

① 57 - 52 ＝ 5
② 85 - 28 ＝ 57
③ 60 - 34 ＝ 26
④ 42 - 33 ＝ 9

● シールを 41まい もって いました。おとうとに 14まい あげました。シールは 何まいに なりましたか。
しき 41 - 14 ＝ 27　　答え 27まい

1000までの 数 (8) 名前　月　日

● つぎの 数に ついて、（　）に あてはまる 数を 書きましょう。
① 430 ⑦ 430は 400と 30を あわせた 数
　　　 ④ 430は 400より（30）大きい 数
　　　 ⑨ 430は 10を（43）こ あつめた 数
② 680 ⑦ 680は 600と（80）を あわせた 数
　　　 ④ 680は 700より 20 小さい 数
　　　 ⑨ 680は 10を（68）こ あつめた 数
③ 1000 ⑦ 1000は 900と（100）を あわせた 数
　　　　 ④ 1000は 800より（200）大きい 数
　　　　 ⑨ 1000は 10を（100）こ あつめた 数

ふくしゅう

① 64 - 8 ＝ 56
② 48 - 44 ＝ 4
③ 93 - 25 ＝ 68
④ 70 - 7 ＝ 63

● なわとびを、きのうは 48回 今日は 64回 とびました。きのうと 今日とでは、どちらの ほうが 何回 多いですか。
しき 64 - 48 ＝ 16
答え 今日の ほうが 16回 多い。

23　（122%に拡大してご使用ください）

P.24

1000 までの 数 (9) 名前

① 色紙 40まいと 80まいを あわせると 何まいに なりますか。

しき 40 ＋ 80 ＝ 120

答え 120まい

② 120円 もって いました。50円 つかいました。
何円 のこって いますか。

しき 120 － 50 ＝ 70

答え 70 円

③ 計算を しましょう。
① 70 ＋ 60　130　② 80 ＋ 60　140　③ 90 ＋ 70　160
④ 130 － 60　70　⑤ 160 － 70　90　⑥ 140 － 80　60

ふくしゅう
① 82 － 28　54　② 73 － 23　50　③ 50 － 46　4　④ 92 － 49　43

1000 までの 数 (10) 名前

① 200円と 300円を あわせると 何円に なりますか。

しき 200 ＋ 300 ＝ 500

500 円

② おり紙が 500まい ありました。200まい つかいました。
のこりは 何まいに なりましたか。

しき 500 － 200 ＝ 300

300まい

③ 計算を しましょう。
① 400 ＋ 300　700　② 200 ＋ 600　800
③ 800 ＋ 200　1000　④ 500 ＋ 500　1000
⑤ 600 － 200　400　⑥ 500 － 100　400
⑦ 1000 － 300　700　⑧ 1000 － 800　200

ふくしゅう
① 81 － 54　27　② 60 － 35　25　③ 91 － 8　83　④ 40 － 6　34

P.25

1000 までの 数 (11) 名前

① つぎの 2つの 数を 数の線に ↓ 書き入れましょう。
そして、どちらが 大きいか、>か <を（　）に 書きましょう。

① 699 (<) 701　　699　701
　695　　700　　705

② 406 (>) 396　　396　　　　406
　395　　400　　405

③ 808 (<) 812　　808 812
　805　　810　　815

② どちらが 大きいですか。（　）に >か <を 書きましょう。
① 178 (<) 187　　② 490 (>) 409
③ 699 (<) 702　　④ 843 (>) 834
⑤ 999 (<) 1000

1000 までの 数 (12) 名前

① つぎの しきを 160と くらべて、（　）に あてはまる
>、<、=を 書きましょう。
① 90 ＋ 60 (<) 160
② 80 ＋ 90 (>) 160
③ 70 ＋ 90 (=) 160

② （　）に あてはまる >、<、=を 書きましょう。
① 110 (>) 60 ＋ 40
② 50 ＋ 60 (>) 105
③ 340 － 40 (=) 300
④ 140 － 60 (<) 90

ふくしゅう
① 51 － 37　14　② 50 － 22　28　③ 43 － 35　8　④ 70 － 7　63

● 教室に 本が 70さつ あります。
そのうち 16さつは 図かんで、のこりは ものがたりの 本です。
ものがたりの 本は 何さつ ありますか。

しき 70 － 16 ＝ 54

答え 54 さつ

P.26

1000 までの 数　まとめ① 名前

① つぎの 数を 数字で 書きましょう。
① 六百九十五（695）
② 四百七十（470）
③ 二百八（208）
④ 100を 9こ、10を 4こ、1を 3こ あわせた 数（943）
⑤ 100を 8こ、1を 7こ あわせた 数（807）
⑥ 百のくらいが 5、十のくらいが 0、一のくらいが 1の 数（501）

② 下の 数の線の ⑦～④に あたる 数を 書きましょう。

①
　350　　400　　450
⑦（370）　④（420）

② 580　590　600
⑦（595）　④（620）

③ 900　950
⑦（990）　④（1000）

③ どちらが 大きいですか。（　）に >か <を 書きましょう。
① 198 (<) 201　　② 680 (>) 608
③ 789 (<) 798　　④ 501 (>) 499

1000 までの 数　まとめ② 名前

① つぎの 数に ついて、（　）に あてはまる 数を 書きましょう。
① 270　⑦ 270は 200と（70）を あわせた 数
　　　④ 270は 300より（30）小さい 数
　　　⑦ 270は 10を（27）こ あつめた 数
② 980　⑦ 980は（900）と 80を あわせた 数
　　　④ 980は（1000）より 20 小さい 数
　　　⑦ 980は 10を（98）こ あつめた 数

② 計算を しましょう。
① 70 ＋ 80　150　② 400 ＋ 300　700
③ 400 ＋ 600　1000　④ 140 － 90　50　⑤ 900 － 500　400
⑥ 1000 － 200　800

③ 150ページの 本を 読んで います。70ページ 読みました。
あと 何ページで 読みおわりますか。

しき 150 － 70 ＝ 80

答え 80 ページ

④ 600円の カレーと、200円の サラダを 食べます。
だい金は 何円に なりますか。

しき 600 ＋ 200 ＝ 800

800 円

P.27

水の かさ (1) 名前

① 同じ 大きさの 入れものに、水が 入って います。どちらの
ほうが 多いですか。多い ほうの（　）に ○を つけましょう。
① (○) （ ）　② （ ） (○)

② 入れものに 入る 水の かさを、同じ 大きさの コップで
くらべました。どちらの ほうが、コップ 何ばいぶん 多いですか。

①

ペットボトルの ほうが、コップ（2）はいぶん 多い。

②

ポット の ほうが、コップ（4）はいぶん 多い。

ふくしゅう
● 左はしから、⑦～④までの 長さは、それぞれ どれですか。
⑦（2cm）
④（5cm）
⑦（7cm5mm）
④（10cm）
⑦（10cm5mm）

水の かさ (2) 名前

① 水の かさの たんい、dL（デシリットル）を 書く れんしゅうを
しましょう。
① 1dLから 6dLまで なぞりましょう。
② 7dLから 10dLまで 書きましょう。

1dL　2dL　3dL　4dL　5dL
6dL

② つぎの 入れものに 入る 水の かさを 書きましょう。
① 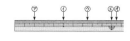（3dL）
②（5dL）
③（7dL）

ふくしゅう
● 左はしから、⑦～④までの 長さは、それぞれ どれですか。
⑦（2cm）
④（3cm4mm）
⑦（7cm8mm）
④（9cm2mm）
⑦（10cm7mm）

P.28

水の かさ（3）

① 水の かさの たんい，L（リットル）を 書く れんしゅうを しましょう。
① 1L から 3L まで なぞりましょう。
② 4L から 7L まで 書きましょう。

1L　2L　3L　4L　5L　6L　7L

② つぎの 入れものに 入る 水の かさを 書きましょう。

① （ 3L ）
② （ 5L ）
③ （ 7L ）

ふくしゅう

● 左から，⑦〜⑨までの 長さは，それぞれ 何cm何cmですか。また，それは 何mmですか。

⑦（ 3 cm 2 mm），（ 32 ）mm　⑦（ 6 cm 1 mm），（ 61 ）mm
⑦（ 8 cm 9 mm），（ 89 ）mm　⑨（ 10 m 6 mm），106）mm

水の かさ（4）

● つぎの 入れものに 入る 水の かさを，⑦，⑦の あらわし方で 書きましょう。

① ⑦（ 2 ）L
　 ⑦（ 20 ）dL

② ⑦（ 2 ）L（ 4 ）dL
　 ⑦（ 24 ）dL

③ ⑦（ 3 ）L（ 5 ）dL
　 ⑦（ 35 ）dL

④ ⑦（ 7 ）L（ 3 ）dL
　 ⑦（ 73 ）dL

ふくしゅう

① 4cm + 5cm　9cm
② 3cm2mm + 2cm　5cm2mm
③ 6cm4mm + 4mm　6cm8mm
④ 5cm5mm + 5mm　6cm
⑤ 8cm − 5cm　3cm
⑥ 7cm9mm − 5mm　2cm9mm
⑦ 6cm5mm − 4mm　6cm1mm
⑧ 8cm5mm − 8cm　5mm

P.29

水の かさ（5）

① 水の かさの たんい，mL（ミリリットル）を 書く れんしゅうを しましょう。
① 1mL から 3mL まで なぞりましょう。
② 4mL と 5mL を 書きましょう。

1mL　2mL　3mL　4mL　5mL

② （ ）に あてはまる 数を 書きましょう。
① 1L = 1000 mL　② 2L = 2000 mL
③ 1L2dL = 1200 mL　④ 3L7dL = 3700 mL
⑤ 1dL = 100 mL　⑥ 3dL = 300 mL
⑦ 4000mL = （ 4 ）L　⑧ 500mL = （ 5 ）dL

③ （ ）に あてはまる かさの たんい（L，dL，mL）を 書きましょう。
① コップに 入る 水の かさ　2（ dL ）
② かんに 入った ジュースの かさ　350（ mL ）
③ 水そうに 入る 水の かさ　6（ L ）

ふくしゅう

● （ ）に あてはまる 数を 書きましょう。
① 1cm = （ 10 ）mm　② 2cm6mm = （ 26 ）mm
③ 8cm3mm = （ 83 ）mm　④ 12cm = 120 mm
⑤ 76mm = （ 7 ）cm（ 6 ）mm
⑥ 98mm = （ 9 ）cm（ 8 ）mm

水の かさ（6）

① ⑦の やかんには 2L，⑦の やかんには 2L5dL の 水が 入って います。

⑦ 2L
⑦ 2L5dL

① ⑦と ⑦，2つの やかんの 水を あわせると どれだけに なりますか。

しき 2L + 2L5dL = 4L5dL
答え 4L5dL

② 2つの やかんの 水の かさの ちがいは どれだけですか。

しき 2L5dL − 2L = 5dL
答え 5dL

② 計算を しましょう。
① 2L4dL + 2dL　2L6dL　② 3L + 1L4dL　4L4dL
③ 1L5dL + 5dL　2L　④ 5L4dL − 3dL　5L1dL
⑤ 3L3dL − 2L　1L3dL　⑥ 1L6dL − 6dL　1L

ふくしゅう

● 下の ⑦と ⑦のような 2本の テープが あります。
⑦ 5cm4mm
⑦ 8cm8mm
2本の テープの 長さの ちがいは どれだけですか。

8cm8mm − 5cm4mm = 3cm4mm
答え 3cm4mm

P.30

水の かさ まとめ①

① 水の かさを，⑦，⑦の あらわし方で 書きましょう。

① ⑦（ 3 ）L
　 ⑦（ 30 ）dL

② ⑦（ 2 ）L（ 3 ）dL
　 ⑦（ 23 ）dL

③ ⑦（ 3 ）L（ 6 ）dL
　 ⑦（ 36 ）dL

④ ⑦（ 4 ）L（ 2 ）dL
　 ⑦（ 42 ）dL

② （ ）に あてはまる かさの たんい（L，dL，mL）を 書きましょう。

① きゅう食で のむ 牛にゅうの かさ　200（ mL ）
② ペットボトルの お茶の かさ　2（ L ）
③ 水とうに 入る 水の かさ　7（ dL ）
④ かんに 入った ジュースの かさ　250（ mL ）

水の かさ まとめ②

① （ ）に あてはまる 数を 書きましょう。
① 1L = 1000 mL　② 1L = （ 10 ）dL
③ 1dL = 100 mL　④ 30dL = （ 3 ）L
⑤ 2000mL = （ 2 ）L　⑥ 500mL = （ 5 ）dL

② 計算を しましょう。
① 2L5dL + 3dL　2L8dL　② 3L7dL + 2L　5L7dL
③ 4L3dL + 7dL　5L　④ 5L3dL + 2L　7L5dL
⑤ 4L8dL − 5dL　4L3dL　⑥ 7L6dL − 3L　4L6dL
⑦ 4L8dL − 4L　8dL　⑧ 5L7dL − 1L3dL　4L4dL

③ 牛にゅうが 1L ありました。2dL のみました。のこりは 何dL ですか。

しき 1L − 2dL = 8dL
答え 8dL

④ 1L5dL の コーヒーと 5dL の 牛にゅうを あわせて ミルクコーヒーを 作ります。ミルクコーヒーは どれだけ できますか。

しき 1L5dL + 5dL = 2L
答え 2L

P.31

時こくと 時間（1）

① 時計を 見て，答えましょう。
① ⑧と ⑩の 時こくを 書きましょう。また，⑧から ⑩までの 時間は 何分間ですか。

（ 9 時）　（ 20 ）分間　（ 9 時 20 分）

② ⑤と ⑥の 時こくを 書きましょう。また，⑤から ⑥までの 時間は 何時間ですか。

（ 2 時）　（ 1 ）時間　（ 3 時）

② ⑦から ⑦までの 時間を 書きましょう。

① ⑦ → ⑦　（ 15 ）分間
② ⑦ → ⑦　（ 40 ）分間
③ ⑦ → ⑦　（ 1 ）時間 30 分
④ ⑦ → ⑦　（ 35 ）分間

時こくと 時間（2）

① 右の 時計の 時こくを 見て，答えましょう。

① 1時間前の 時こくは 何時何分ですか。（ 3 時 30 分）
② 1時間後の 時こくは 何時何分ですか。（ 5 時 30 分）

② 右の 時計の 時こくを 見て，答えましょう。

① 10分前の 時こくは 何時何分ですか。（ 9 時 10 分）
② 20分前の 時こくは 何時ですか。（ 9 時）
③ 20分後の 時こくは 何時何分ですか。（ 9 時 40 分）
④ 35分後の 時こくは 何時何分ですか。（ 9 時 55 分）
⑤ 40分後の 時こくは 何時ですか。（ 10 時）

③ （ ）に あてはまる 数を 書きましょう。
① 1時間 = （ 60 ）分
② 1時間10分 = 70 分
③ 1時間30分 = 90 分
④ 80分 = （ 1 ）時間 20 分
⑤ 95分 = （ 1 ）時間 35 分
⑥ 100分 = （ 1 ）時間 40 分

P.32

時こくと 時間 (3)　名前

① 下の図は まさきさんの 1日の 生活の ようすです。

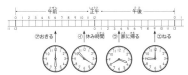

① ⑦〜①の 時こくを，午前，午後を つけて 書きましょう。
- ⑦（午前6時）
- ⑦（午前10時20分）
- ⑦（午後3時40分）
- ①（午後9時）

② 午前と，午後は，それぞれ 何時間ですか。
午前（12）時間，午後（12）時間

③ まさきさんが おきてから ねるまでの 時間は，何時間ですか。
（15）時間

② つぎの 時こくを，午前か 午後を つかって 書きましょう。
① 朝　② 夕方　③ 夜

午前7時35分　午後8時50分
午後4時5分

時こくと 時間　まとめ　名前

① 右の 時計の 時こくを 見て，答えましょう。
① 20分前の 時こくは 何時何分ですか。（2）時（20）分
② 1時間前の 時こくは 何時何分ですか。（1）時（40）分
③ 15分後の 時こくは 何時何分ですか。（2）時（55）分
④ 1時間後の 時こくは 何時何分ですか。（3）時（40）分

② ⑦から ①までの 時間を 書きましょう。

 （15）分間

 （20）分間

⑦ → ① （6）時間

7 8 9 10 11 12 1 2 3 4 5

P.33

計算の くふう (1)　名前

① バスに 8人 のって います。
つぎの バスていで，15人 のって きました。
その つぎの バスていでは，5人 のって きました。
バスに のって いる 人は みんなで 何人に なりましたか。
1つの しきに あらわして，答えを もとめましょう。

① バスに のった じゅんに たす しきを 書いて，答えを もとめましょう。
しき 8 + 15 + 5 = 28　答え 28人

② あとから のって きた 人を まとめて たす しきを 書いて，答えを もとめましょう。
しき 8 + (15 + 5) = 28　答え 28人
（まとめて たす ときは（ ）を つかうと いいね。）

② つぎの ⑦と ①の しきの 答えが 同じに なる ことを，計算を して たしかめましょう。
① ⑦ 19 + 6 + 4　**29**　　① 19 + (6 + 4)　**29**
② ⑦ 37 + 18 + 2　**57**　　① 37 + (18 + 2)　**57**

ふくしゅう
① 80 − 60　② 93 − 43　③ 87 − 83　④ 46 − 4
| 20 | 50 | 4 | 42 |

計算の くふう (2)　名前

● くふうして 計算します。<れい>のように，先に 計算すると よい ところに（ ）を つけてから 計算しましょう。

<れい>　27 + 26 + 4 = 27 + (26 + 4) = 57
（（ ）を つかうと，計算が かんたんに なるね。）

① 15 + 39 + 1 = 15 + (39 + 1) = **55**
② 8 + 34 + 6 = 8 + (34 + 6) = **48**
③ 29 + 17 + 3 = 29 + (17 + 3) = **49**
④ 26 + 48 + 2 = 26 + (48 + 2) = **76**

ふくしゅう
① 81 − 52　② 85 − 28　③ 60 − 34　④ 42 − 33
| 29 | 57 | 26 | 9 |

● グミと チョコレートを 1こずつ 買うと 80円でした。グミは 24円でした。チョコレートは 何円ですか。
しき 80 − 24 = 56　答え 56円

P.34

たし算と ひき算の ひっ算 (1)　名前

① 1年生は 63人 います。2年生は 72人 います。
1年生と 2年生を あわせると 何人ですか。
しき 63 + 72 = 135　答え 135人

② ひっ算で しましょう。
① 63 + 81　② 72 + 85　③ 62 + 94　④ 40 + 88
| 144 | 157 | 156 | 128 |

⑤ 24 + 83　⑥ 54 + 52　⑦ 65 + 40　⑧ 96 + 12
| 107 | 106 | 105 | 108 |

ふくしゅう
● つぎの 水の かさを，⑦，①の あらわし方で 書きましょう。

① ⑦（4）L　①（40）dL
② ⑦（2）L（2）dL　①（22）dL
③ ⑦（1）L（6）dL　①（16）dL

たし算と ひき算の ひっ算 (2)　名前

● ひっ算で しましょう。
① 75 + 68　② 79 + 58　③ 65 + 89　④ 34 + 78
| 143 | 137 | 154 | 112 |

⑤ 72 + 58　⑥ 49 + 91　⑦ 73 + 37　⑧ 74 + 56
| 130 | 140 | 110 | 130 |

⑨ 37 + 68　⑩ 28 + 78　⑪ 57 + 46　⑫ 17 + 89
| 105 | 106 | 103 | 106 |

⑬ 6 + 99　⑭ 92 + 9　⑮ 8 + 98　⑯ 96 + 4
| 105 | 101 | 106 | 100 |

ふくしゅう
● （ ）に あてはまる かさの たんい（L，dL，mL）を 書きましょう。
① やかんに 入る 水の かさ　2（L）
② 紙パックに 入った ジュースの かさ　5（dL）
③ びんに 入った 牛にゅうの かさ　200（mL）

P.35

たし算と ひき算の ひっ算 (3)　名前

① ひっ算で しましょう。
① 78 + 89　② 36 + 82　③ 52 + 88　④ 55 + 97
| 167 | 118 | 140 | 152 |

⑤ 47 + 83　⑥ 96 + 8　⑦ 64 + 46　⑧ 48 + 93
| 130 | 104 | 110 | 141 |

⑨ 84 + 86　⑩ 72 + 73　⑪ 96 + 37　⑫ 3 + 98
| 170 | 145 | 133 | 101 |

⑬ 85 + 98　⑭ 68 + 39　⑮ 79 + 85　⑯ 27 + 78
| 183 | 107 | 164 | 105 |

② つぎの ひっ算が 正しければ ○を，まちがっていれば 正しい 答えを，（ ）に 書きましょう。
①
```
  87
+ 64
 151
```
（○）
②
```
  73
+ 37
 100
```
（110）
③
```
  82
+ 77
 169
```
（159）
④
```
  98
+  9
 117
```
（107）

たし算と ひき算の ひっ算 (4)　名前

① 画用紙が 148まい あります。
65まい つかうと，何まい のこりますか。
しき 148 − 65 = 83　答え 83まい

② ひっ算で しましょう。
① 168 − 73　② 129 − 46　③ 136 − 54　④ 128 − 72
| 95 | 83 | 82 | 56 |

⑤ 119 − 72　⑥ 156 − 76　⑦ 138 − 82　⑧ 172 − 82
| 47 | 80 | 56 | 90 |

⑨ 104 − 13　⑩ 105 − 83　⑪ 102 − 62　⑫ 108 − 93
| 91 | 22 | 40 | 15 |

ふくしゅう

① 3L2dL + 7dL　**3L9dL**　② 5L2dL + 8dL　**6L**
③ 5L6dL − 3L　**2L6dL**　④ 5L4dL − 4dL　**5L**

児童に実施させる前に，必ず指導される方が問題を解いてください。本書の解答は，あくまでも1つの例です。指導される方の作られた解答をもとに，本書の解答例を参考に児童の多様な考えに寄り添って○つけをお願いします。

P.36

たし算とひき算のひっ算 (5)　名前
ひき算（くり下がり2回）

● ひっ算で しましょう。

① 132−57	② 151−65	③ 130−68	④ 160−93
75	86	62	67

⑤ 163−86	⑥ 132−48	⑦ 120−29	⑧ 110−64
77	84	91	46

⑨ 143−76	⑩ 166−69	⑪ 113−19	⑫ 153−84
67	97	94	69

⑬ 132−86	⑭ 130−71	⑮ 120−48	⑯ 123−45
46	59	72	78

ふくしゅう

● （ ）に あてはまる 数を 書きましょう。
① 1L ＝（ 10 ）dL　② 1L ＝（ 1000 ）mL
③ 1dL ＝（ 100 ）mL　④ 20dL ＝（ 2 ）L
⑤ 57dL ＝（ 5 ）L（ 7 ）dL

たし算とひき算のひっ算 (6)　名前
ひき算（十のくらいが0）

● ひっ算で しましょう。

① 104−47	② 106−78	③ 105−38	④ 101−46
57	28	67	55

⑤ 102−78	⑥ 108−99	⑦ 102−94	⑧ 103−98
24	9	8	5

⑨ 106−9	⑩ 105−7	⑪ 100−65	⑫ 100−83
97	98	35	17

⑬ 100−47	⑭ 100−93	⑮ 100−8	⑯ 100−3
53	7	92	97

ふくしゅう

● 左はしから ⑦，①，⑨，④までの 長さは，それぞれ 何mmだけですか。
⑦ 6mm
① 5cm5mm
⑨ 7cm2mm
④ 10cm8mm

36　（122%に拡大してご使用ください）

P.37

たし算とひき算のひっ算 (7)　名前
ひき算（くり下がり1回・2回）

① ひっ算で しましょう。

① 125−46	② 130−43	③ 113−75	④ 100−55
79	87	38	45

⑤ 102−6	⑥ 127−42	⑦ 134−86	⑧ 162−68
96	85	48	94

⑨ 107−43	⑩ 107−98	⑪ 110−93	⑫ 100−92
64	9	17	8

⑬ 123−87	⑭ 106−79	⑮ 132−57	⑯ 100−72
36	27	75	28

② つぎの ひっ算が 正しければ ○を，まちがっていれば 正しい 答えを，（ ）に 書きましょう。

① 107−29	② 106−48	③ 105−41	④ 120−64
88	58	54	64
（ 78 ）	（ ○ ）	（ 64 ）	（ 56 ）

たし算とひき算のひっ算 (8)　名前
文しょうだい

① あやなさんは，おり紙を 106まい もって います。かおりさんに 28まい あげました。おり紙は，何まい のこって いますか。

しき 106−28＝78

答え 78まい

② 85円の ガムと 65円の ポテトチップスが あります。
① ガムと ポテトチップスを 1こずつ 買うと，何円に なりますか。

ガム85円 ポテトチップス65円

しき 85＋65＝150

答え 150円

② ポテトチップスを 買って，100円 はらいました。おつりは 何円に なりますか。

しき 100−65＝35

答え 35円

③ 86円の クッキーと 125円の ドーナツが あります。どちらが 何円 高いですか。

しき 125−86＝39

答え ドーナツが 39円 高い。

37　（122%に拡大してご使用ください）

P.38

たし算とひき算のひっ算 (9)　名前
大きい 数のひっ算

① ひっ算で しましょう。

① 476＋15	② 749＋47	③ 86＋408	④ 68＋522
491	796	494	590

⑤ 564＋7	⑥ 783＋9	⑦ 6＋936	⑧ 4＋778
571	792	942	782

② ひっ算で しましょう。

① 652−24	② 747−38	③ 590−63	④ 865−57
628	709	527	808

⑤ 374−74	⑥ 235−8	⑦ 451−7	⑧ 712−7
300	227	444	705

③ □に あてはまる 数を 書きましょう。

126 − □ ＝ 72

答え 54

たし算とひき算のひっ算　名前
まとめ①

① 右の くだものを 買いに 行きました。
りんご125円　バナナ89円　みかん98円
① バナナと みかんを 買うと 何円に なりますか。

しき 89＋98＝187

答え 187円

② りんごは，みかんより 何円 高いですか。

しき 125−98＝27

答え 27円

③ りんごは，バナナより 何円 高いですか。

しき 125−89＝36

答え 36円

② ひっ算で しましょう。

① 65＋84	② 86＋54	③ 79＋48	④ 8＋98
149	140	127	106

⑤ 143−59	⑥ 112−83	⑦ 102−75	⑧ 101−9
84	29	27	92

38　（122%に拡大してご使用ください）

P.39

たし算とひき算のひっ算　名前
まとめ②

① ひっ算で しましょう。

① 85＋64	② 87＋76	③ 97＋8	④ 73＋57
149	163	105	130

⑤ 98＋79	⑥ 28＋75	⑦ 348＋24	⑧ 265＋25
177	103	372	290

⑨ 104−8	⑩ 148−65	⑪ 130−93	⑫ 161−84
96	83	37	77

⑬ 121−55	⑭ 106−97	⑮ 586−38	⑯ 852−47
66	9	548	805

② つぎの ひっ算が 正しければ ○を，まちがっていれば 正しい 答えを，（ ）に 書きましょう。

① 86＋68	② 93＋16	③ 104−68	④ 163−76
144	119	46	87
（ 154 ）	（ 109 ）	（ 36 ）	（ ○ ）

三角形と四角形 (1)　名前

① （ ）に あてはまる ことばを 書きましょう。

3本の 直線で かこまれた 形を，（ 三角形 ）と いいます。

4本の 直線で かこまれた 形を，（ 四角形 ）と いいます。

② （ ）に あてはまる ことばや 数を 書きましょう。
① 三角形や 四角形の かどの 点を（ ちょう点 ）と いい，まわりの 直線を（ へん ）と いいます。
三角形
へん
ちょう点

② 三角形の へんは（ 3 ）本，ちょう点は（ 3 ）こです。
四角形
へん
ちょう点

③ 四角形の へんは（ 4 ）本，ちょう点は（ 4 ）こです。

ふくしゅう

① 64＋83	② 46＋97	③ 32＋78	④ 46＋55
147	143	110	101

39　（122%に拡大してご使用ください）

P.40

三角形と 四角形（2）　名前

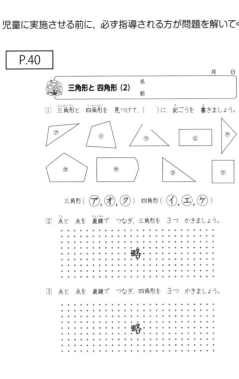

１ 三角形と 四角形を 見つけて，（ ）に 記ごうを 書きましょう。

三角形（ ⑦, ⑦, ⑦ ）　四角形（ ⑦, ㋘, ㋙ ）

２ 点と 点を 直線で つなぎ，三角形を ３つ かきましょう。

略

３ 点と 点を 直線で つなぎ，四角形を ３つ かきましょう。

略

三角形と 四角形（3）　名前

１ 下の 図から 直角を 見つけて，（ ）に 記ごうを 書きましょう。

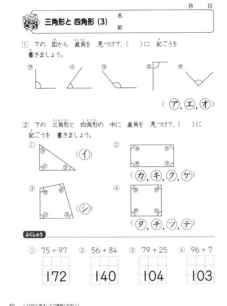

（ ⑦, ㋔, ㋕ ）

２ 下の 三角形と 四角形の 中に 直角を 見つけて，（ ）に 記ごうを 書きましょう。

① （ ⑦ ）
② （ ㋗, ㋖, ㋘, ㋙ ）
③ （ ㋛ ）
④ （ ㋞, ㋠, ㋡, ㋢ ）

ふくしゅう

① 75 + 97 = **172**　② 56 + 84 = **140**　③ 79 + 25 = **104**　④ 96 + 7 = **103**

40　（122%に拡大してご使用ください）

P.41

三角形と 四角形（4）　名前

１ （ ）に あてはまる ことばを 書きましょう。

① 右の ような かどの 形を（ **直角** ）と いいます。

② ４つの かどが，すべて 直角な 四角形を，**長方形** と いいます。

③ 長方形の むかい合って いる へんの 長さは（ **同じ** ）です。

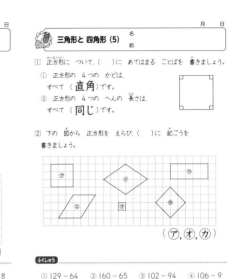

２ 下の 図から 長方形を えらび，（ ）に 記ごうを 書きましょう。

（ ⑦, ㋔, ㋕ ）

ふくしゅう

① 147 - 83 = **64**　② 151 - 75 = **76**　③ 109 - 46 = **63**　④ 102 - 8 = **94**

41　（122%に拡大してご使用ください）

三角形と 四角形（5）　名前

１ 正方形に ついて，（ ）に あてはまる ことばを 書きましょう。

① 正方形の ４つの かどは，すべて（ **直角** ）です。

② 正方形の ４つの へんの 長さは，すべて（ **同じ** ）です。

２ 下の 図から 正方形を えらび，（ ）に 記ごうを 書きましょう。

（ ⑦, ㋔, ㋕ ）

ふくしゅう

① 129 - 64 = **65**　② 160 - 65 = **95**　③ 102 - 94 = **8**　④ 106 - 9 = **97**

P.42

三角形と 四角形（6）　名前

１ 長方形と 正方形の どちらにも あてはまる 文を えらんで，○を つけましょう。

⑦（ 　 ）３本の 直線で かこまれた 形です。
⑦（ ○ ）４本の 直線で かこまれた 形です。
⑦（ 　 ）４つの へんの 長さが すべて 同じです。
㋔（ ○ ）４つの かどが すべて 直角です。

２ 下の 図から 長方形と 正方形を えらび，（ ）に 記ごうを 書きましょう。

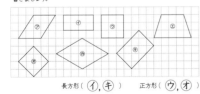

長方形（ ⑦, ㋖ ）　正方形（ ⑦, ㋔ ）

ふくしゅう

① 178 - 94 = **84**　② 144 - 98 = **46**　③ 104 - 75 = **29**　④ 101 - 5 = **96**

42　（122%に拡大してご使用ください）

三角形と 四角形（7）　名前

１ （ ）に あてはまる ことばを 書きましょう。

直角の かどが ある 三角形を（ **直角三角形** ）と いいます。

２ 下の 図から 直角三角形を えらび，（ ）に 記ごうを 書きましょう。

（ ⑦, ⑦ ）

３ 大きさの ちがう 直角三角形を ３つ かきましょう。

略

ふくしゅう

① 103 - 66 = **37**　② 156 - 82 = **74**　③ 123 - 25 = **98**　④ 136 - 79 = **57**

P.43

三角形と 四角形（8）　名前

● つぎの 形を 下の 方がん紙に かきましょう。

① たて 4cm，よこ 5cmの 長方形

（例）

② たて 3cm，よこ 6cmの 長方形

（例）

③ １つの へんの 長さが 2cmの 正方形

（例）

④ １つの へんの 長さが 4cmの 正方形

（例）

⑤ 3cmの へんと 5cmの へんの 間に，直角の かどが ある 直角三角形

（例）

⑥ 2cmの へんと 6cmの へんの 間に，直角の かどが ある 直角三角形

（例）

43　（122%に拡大してご使用ください）

三角形と 四角形　まとめ　名前

１ （ ）に あてはまる ことばを 書きましょう。

① ３本の 直線で かこまれた 形を，（ **三角形** ）と いいます。

② ４本の 直線で かこまれた 形を，（ **四角形** ）と いいます。

③

ちょう点
へん

２ 下の 図から 長方形，正方形，直角三角形を えらび，（ ）に 記ごうを 書きましょう。

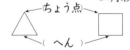

長方形（ ⑦, ㋖ ）　正方形（ ㋔, ㋘ ）　直角三角形（ ㋕, ㋙ ）

３ 直角は どれですか。（ ）に 記ごうを 書きましょう。

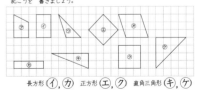

（ ⑦ ）
（ ⑦ ）
（ ㋔ ）
（ ㋙ ）

児童に実施させる前に，必ず指導される方が問題を解いてください。本書の解答は，あくまでも1つの例です。指導される方の作られた解答をもとに，本書の解答例を参考に児童の多様な考えに寄り添って○つけをお願いします。

P.44

三角形と 四角形　まとめ②　名前

① 右の 方が がん紙に，つぎの 形を かきましょう。
① たて 4cm，よこ 8cmの 長方形 （例）
② 1つの へんの 長さが 3cmの 正方形 （例）
③ 4cmの へんと 9cmの へんの 間に，直角の かどが ある 直角三角形 （例）

② 右の 長方形の まわりの 長さは，何cmですか。
しき 5＋5＋3＋3＝16
答え 16cm

③ 下の 長方形に 1本 直線を ひいて，つぎの 形に 分けましょう。
① 2つの 三角形
② 三角形と 四角形 （例）
（別解答）

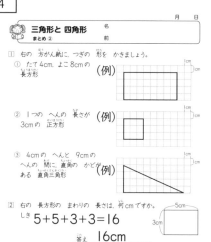

かけ算①（1）　名前

● 絵を 見て，（ ）に あてはまる 数を 書きましょう。

① バナナは 1さらに （3）本ずつ，（5）さら分で ぜんぶで （15）本
② きゅうりは 1かごに （5）本ずつ，（2）かご分で ぜんぶで （10）本
③ にんじんは 1ふくろに （5）本ずつ，（3）ふくろ分で ぜんぶで （15）本
④ なすは 1ふくろに （4）本ずつ，（3）ふくろ分で ぜんぶで （12）本
⑤ マンゴーは 1はこに （2）こずつ，（3）はこ分で ぜんぶで （6）こ
⑥ たまねぎは 1ふくろに （3）こずつ，（4）ふくろ分で ぜんぶで （12）こ

P.45

かけ算①（2）　名前

● かけ算の しきに 書いて，ぜんぶの 数を もとめましょう。
① パン
しき 4 × 5 ＝ 20　答え 20こ
② りんご
しき 2 × 3 ＝ 6　答え 6こ
③ バッタ
しき 5 × 3 ＝ 15　答え 15ひき

ふくしゅう
● 左はしから ⑦，①，⑦，①までの 長さは，それぞれ どれだけですか。
⑦ 9mm
① 4cm6mm
⑦ 8cm3mm
① 10cm1mm

かけ算①（3）　名前

● かけ算の しきに 書いて，ぜんぶの 数を もとめましょう。
① チューリップ
しき 4 × 4 ＝ 16　答え 16本
② クッキー
しき 6 × 3 ＝ 18　答え 18まい
③ 金魚
しき 3 × 4 ＝ 12　答え 12ひき

ふくしゅう
● つぎの 長さの 直線を ▶から ひきましょう。
① 3cm
② 6cm5mm　→　略
③ 8cm3mm

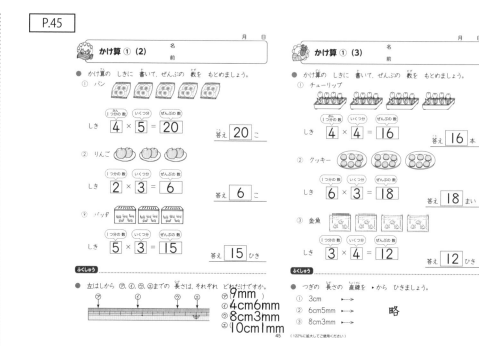

P.46

かけ算①（4）　名前

● かけ算の しきに 書いて，ぜんぶの 数を もとめましょう。
① うさぎの 耳
しき 2 × 6 ＝ 12　答え 12こ
② 本
しき 5 × 4 ＝ 20　答え 20さつ
③ テントウムシの ほし
しき 7 × 3 ＝ 21　答え 21こ

ふくしゅう
● （ ）に あてはまる かさの たんい（L，dL，mL）を 書きましょう。
① 水とうに 入る 水の かさ 8（dL）
② マグカップに 入る 水の かさ 300（mL）
③ なべに 入る 水の かさ 3（L）

かけ算①（5）　名前

● かけ算の しきに 書いて，ぜんぶの 数を もとめましょう。
① だんご
しき 3 × 4 ＝ 12　答え 12こ
② トンボの はね
しき 4 × 5 ＝ 20　答え 20まい
③ 花びら
しき 5 × 6 ＝ 30　答え 30まい

ふくしゅう
● つぎの 水の かさを ⑦，①の あらわし方で 書きましょう。
⑦（2）L
①（20）dL
⑦（1）L（2）dL
①（12）dL

P.47

かけ算①（6）　ばいと かけ算　名前

● 何ばいに なるかを 考えて，かけ算の しきに 書いて，長さや 高さを もとめましょう。
① 4cmの（2）ばい
しき 4 × 2 ＝ 8　答え 8cm
② 2cmの（3）ばい
しき 2 × 3 ＝ 6　答え 6cm
③ 5cmの（3）ばい
しき 5 × 3 ＝ 15　答え 15cm

ふくしゅう
① 36＋23 = 59
② 72＋7 = 79
③ 37＋27 = 64
④ 84＋7 = 91

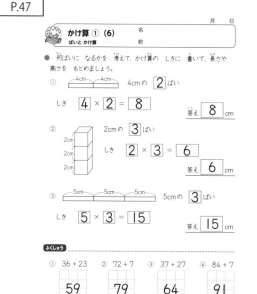

かけ算①（7）　5のだん　名前

① 1この プランターに チューリップが 5本ずつ うえて あります。プランターの 数が ふえると，チューリップの 数は 何本に なりますか。（ ）に あてはまる 数を 書きましょう。
1こ　5×1＝（5）
2こ　5×（2）＝（10）
3こ　5×（3）＝（15）
4こ　5×（4）＝20

【5こ分から 9こ分までの 数を もとめましょう】
5こ （5）×（5）＝（25）
6こ （5）×（6）＝（30）
7こ （5）×（7）＝（35）
8こ （5）×（8）＝（40）
9こ （5）×（9）＝（45）

② 5のだんの 九九を れんしゅうしましょう。
五一が 5
五二 10
五三 15
五四 20
五五 25
五六 30
五七 35
五八 40
五九 45

れんしゅうした 回数だけ 色を ぬりましょう。

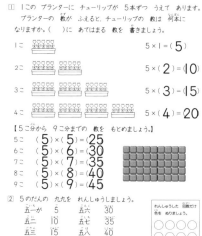

P.48

かけ算①（8）　5のだん　名前

① 5人で 1つの グループを つくります。6グループ あると，ぜんぶで 何人に なりますか。

しき　5×6＝30

答え　30人

② 1日に うんどう場を 5しゅう 走ります。4日間では 何しゅう 走ることに なりますか。

しき　5×4＝20

答え　20しゅう

③ 5のだんの 九九を つかって，計算しましょう。
① 5×3　15　② 5×7　35　③ 5×4　20
④ 5×2　10　⑤ 5×6　30　⑥ 5×1　5
⑦ 5×8　40　⑧ 5×5　25　⑨ 5×9　45

ふくしゅう
① 58－26　32　② 96－26　70　③ 73－71　2　④ 68－4　64

● 2年生は 49人 います。1年生は 2年生より 7人 少ないです。1年生は 何人 いますか。

しき　49－7＝42

答え　42人

かけ算①（9）　2のだん　名前

① 1さらに おにぎりが 2こずつ おいて あります。おさらの 数が ふえると，おにぎりの 数は 何こに なりますか。（　）に あてはまる 数を 書きましょう。

1さら　2×1＝（2）
2さら　2×（2）＝（4）
3さら　2×（3）＝（6）
4さら　2×（4）＝（8）

【5さら分から 9さら分までの 数を もとめましょう。】
5さら　（2）×（5）＝（10）
6さら　（2）×（6）＝（12）
7さら　（2）×（7）＝（14）
8さら　（2）×（8）＝（16）
9さら　（2）×（9）＝（18）

② 2のだんの 九九を れんしゅうしましょう。
二一が　2
二二が　4
二三が　6
二四が　8
二五　10
二六　12
二七　14
二八　16
二九　18

れんしゅうした 回数だけ 色を ぬりましょう

P.49

かけ算①（10）　2のだん　名前

① 1パックに 2dL 入って いる ジュースを，7パック 買いました。ジュースは ぜんぶで 何dLに なりましたか。

しき　2×7＝14

答え　14dL

② ケーキが のった おさらが 8さら あります。ケーキは 1さらに 2こずつ のって います。ケーキは ぜんぶで 何こに なりますか。

しき　2×8＝16

答え　16こ

③ 2のだんと 5のだんの 九九を つかって，計算しましょう。
① 2×3　6　② 2×6　12　③ 2×1　2
④ 2×8　16　⑤ 2×7　14　⑥ 2×9　18
⑦ 2×4　8　⑧ 2×5　10　⑨ 2×2　4
⑩ 5×3　15　⑪ 5×2　10　⑫ 5×4　20
⑬ 5×6　30　⑭ 5×9　45　⑮ 5×8　40
⑯ 5×1　5　⑰ 5×5　25　⑱ 5×7　35

ふくしゅう
① 72－48　24　② 60－43　17　③ 31－6　25　④ 50－4　46

かけ算①（11）　3のだん　名前

① 花びん 1こに 3本ずつ 花が いけて あります。花びんの 数が ふえると，花の 数は 何本に なりますか。（　）に あてはまる 数を 書きましょう。

1こ　3×1＝（3）
2こ　3×（2）＝（6）
3こ　3×（3）＝（9）
4こ　3×（4）＝（12）

【5こ分から 9こ分までの 数を もとめましょう。】
5こ　（3）×（5）＝（15）
6こ　（3）×（6）＝（18）
7こ　（3）×（7）＝（21）
8こ　（3）×（8）＝（24）
9こ　（3）×（9）＝（27）

② 3のだんの 九九を れんしゅうしましょう。
三一が　3　三六　18
三二が　6　三七　21
三三が　9　三八　24
三四　12　三九　27
三五　15

れんしゅうした 回数だけ 色を ぬりましょう

P.50

かけ算①（12）　3のだん　名前

① 1つの あつさが 3cmの 図かんが あります。
① 5さつ ならべると，はばは 何cmに なりますか。

しき　3×5＝15

答え　15cm

② もう 1さつ ならべると，はばは 何cm ふえて，ぜんぶで 何cmに なりますか。

（3）cm ふえて，（18）cmに なる。

② ボートが 4そう あります。1そうに 3人ずつ のります。ぜんぶで 何人 のれますか。

しき　3×4＝12

答え　12人

③ 3のだんの 九九を つかって，計算しましょう。
① 3×3　9　② 3×2　6　③ 3×8　24
④ 3×1　3　⑤ 3×4　12　⑥ 3×6　18
⑦ 3×7　21　⑧ 3×5　15　⑨ 3×9　27

ふくしゅう
① 5×2　10　② 2×2　4　③ 5×4　20
④ 2×5　10　⑤ 2×6　12　⑥ 5×9　45
⑦ 2×9　18　⑧ 5×7　35　⑨ 5×8　40
⑩ 2×7　14　⑪ 5×6　30　⑫ 2×8　16
⑬ 2×1　2　⑭ 5×1　5　⑮ 2×4　8
⑯ 5×5　25　⑰ 2×3　6　⑱ 2×8　16

かけ算①（13）　4のだん　名前

① おもちゃの 自どう車 1台に 4こずつ タイヤを つけます。自どう車の 台数が ふえると，タイヤの 数は 何こに なりますか。（　）に あてはまる 数を 書きましょう。

1台　4×1＝（4）
2台　4×（2）＝（8）
3台　4×（3）＝（12）
4台　4×（4）＝（16）

【5台分から 9台分までの 数を もとめましょう。】
5台　（4）×（5）＝（20）
6台　（4）×（6）＝（24）
7台　（4）×（7）＝（28）
8台　（4）×（8）＝（32）
9台　（4）×（9）＝（36）

② 4のだんの 九九を れんしゅうしましょう。
四一が　4　四六　24
四二が　8　四七　28
四三　12　四八　32
四四　16　四九　36
四五　20

れんしゅうした 回数だけ 色を ぬりましょう

P.51

かけ算①（14）　4のだん　名前

① 1人に 4まいずつ おり紙を くばります。
① 6人に くばると，おり紙は 何まい いりますか。

しき　4×6＝24

答え　24まい

② 1人 ふえると，くばる おり紙は 何まい ふえて，ぜんぶで 何まいに なりますか。

（4）まい ふえて，（28）まいに なる。

② つみ木を 3こ つみます。つみ木 1この 高さは 4cmです。高さは ぜんぶで 何cmに なりますか。

しき　4×3＝12

答え　12cm

③ 4×5と 答えが 同じに なる 5のだんの 九九を 見つけましょう。

5×（4）

④ 4のだんの 九九を つかって，計算しましょう。
① 4×2　8　② 4×5　20　③ 4×8　32
④ 4×9　36　⑤ 4×6　24　⑥ 4×1　4
⑦ 4×3　12　⑧ 4×4　16　⑨ 4×7　28

かけ算①（15）　2のだん〜5のだん　名前

① 九九を つかって，計算しましょう。
① 2×4　8　② 3×5　15　③ 5×5　25
④ 4×9　36　⑤ 2×2　4　⑥ 5×3　15
⑦ 5×8　40　⑧ 3×1　3　⑨ 4×2　8
⑩ 2×7　14　⑪ 4×7　28　⑫ 4×3　12
⑬ 3×3　9　⑭ 2×5　10　⑮ 4×4　16
⑯ 5×6　30　⑰ 3×6　18　⑱ 2×9　18
⑲ 3×8　24　⑳ 5×9　45　㉑ 4×6　24

② （　）に あてはまる 数を 書きましょう。
① 5×2と 答えが 同じに なる 2のだんの 九九は 2×（5）です。
② 2×3と 答えが 同じに なる 3のだんの 九九は 3×（2）です。
③ 3×4と 答えが 同じに なる 4のだんの 九九は 4×（3）です。

P.52

かけ算①（16） 2のだん～5のだん　名前　月　日

① 九九を つかって，計算しましょう。

① $4×5$　20　② $3×4$　12　③ $2×3$　6
④ $5×2$　10　⑤ $5×4$　20　⑥ $4×6$　24
⑦ $2×6$　12　⑧ $3×2$　6　⑨ $5×1$　5
⑩ $4×1$　4　⑪ $5×7$　35　⑫ $3×7$　21
⑬ $5×8$　40　⑭ $2×1$　2　⑮ $4×8$　32
⑯ $2×8$　16　⑰ $3×6$　18　⑱ $3×8$　24
⑲ $3×9$　27　⑳ $4×7$　28　㉑ $2×9$　18

② 答えが 同じに なる しきを 線で むすびましょう。

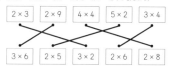

| $2×3$ | $2×9$ | $4×4$ | $5×2$ | $3×4$ |
| $3×6$ | $2×5$ | $3×2$ | $2×6$ | $2×8$ |

かけ算①（17） かけられる数と かける数　名前　月　日

① かけ算の しきに 合う 絵を えらんで，線で むすびましょう。

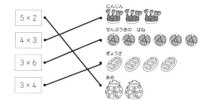

$5×2$　にんじん
$4×3$　せんぷうきの はね
$3×6$　ぎょうざ
$3×4$　あめ

② リレーの チームを 8つ 作ります。1チームは 4人です。みんなで 何人に なりますか。

1チーム 4人

しき $4×8=32$

答え 32人

③ 1つの へんの 長さが 3cmの 正方形が あります。まわりの 長さは 何cmですか。

しき $3×4=12$

答え 12cm

P.53

かけ算①（18） かけられる数と かける数　名前　月　日

① かけ算の しきに 合う 絵を えらんで，線で むすびましょう。

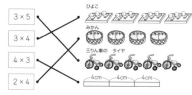

$3×5$　ひよこ
$3×4$　みかん
$4×3$　三りん車の タイヤ
$2×4$

② 魚が 1パックに 2ひきずつ 入って います。7パックでは，魚は ぜんぶで 何ぴきに なりますか。

しき $2×7=14$

答え 14ひき

③ 花が 6りん さいて います。どの 花にも ちょうが 3びきずつ きて います。ちょうは ぜんぶで 何びき いますか。

しき $3×6=18$

答え 18ぴき

かけ算①（19） かけられる数と かける数　名前　月　日

① テープを 6本 つなぎます。テープ 1本の 長さは 5cmです。ぜんぶで 何cmに なりますか。

しき $5×6=30$

答え 30cm

② 高さが 3cmの つみ木が あります。5こ つむと，高さは ぜんぶで 何cmに なりますか。

しき $3×5=15$

答え 15cm

③ 2のだん，3のだん，4のだん，5のだんの 答えを 下の ひょうに 書きましょう。

かける数

かけられる数	1	2	3	4	5	6	7	8	9
2	2	4	6	8	10	12	14	16	18
3	3	6	9	12	15	18	21	24	27
4	4	8	12	16	20	24	28	32	36
5	5	10	15	20	25	30	35	40	45

P.54

かけ算① まとめ①　名前　月　日

① 絵を 見て，（　）に あてはまる 数を 書き，しきに あらわしましょう。

①

みかんは 1かごに（ 3 ）こずつ あります。かご（ 5 ）つ分で みかんは ぜんぶで（ 15 ）こです。

しき（ 3 ）×（ 5 ）=（ 15 ）

②

花びらは 1りんに（ 5 ）まいずつ あります。花（ 3 ）りん分では 花びらは ぜんぶで（ 15 ）まいです。

しき（ 5 ）×（ 3 ）=（ 15 ）

② 1はこに チョコレートが 5こずつ 入って います。8はこでは チョコレートは ぜんぶで 何こに なりますか。

しき $5×8=40$

答え 40こ

③ 計算を しましょう。

① $2×4$　8　② $3×3$　9　③ $4×6$　24　④ $5×1$　5
⑤ $4×2$　8　⑥ $3×8$　24　⑦ $2×7$　14　⑧ $3×6$　18
⑨ $5×7$　35　⑩ $3×2$　6　⑪ $4×4$　16　⑫ $5×9$　45

かけ算① まとめ②　名前　月　日

① 4人で チームを 作って リレーを します。7チーム 作ると，みんなで 何人に なりますか。

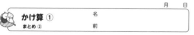

しき $4×7=28$

答え 28人

② 牛にゅうビンが 8本 あります。1本には 3dL 入って います。牛にゅうは ぜんぶで 何dL ありますか。

しき $3×8=24$

答え 24dL

③ あつさが 5cmの じてんが 8さつ つんで あります。高さは ぜんぶで 何cmに なりますか。

しき $5×8=40$

答え 40cm

④ 答えが 同じに なる しきを 線で むすびましょう。

| $5×4$ | $3×4$ | $4×4$ | $4×1$ | $3×8$ |
| $2×8$ | $4×5$ | $2×6$ | $4×6$ | $2×2$ |

P.55

かけ算②（1） 6のだん　名前　月　日

① たこやきが 1パックに 6こずつ 入って います。パックの 数が ふえると，たこやきの 数は 何こに なりますか。（　）に あてはまる 数を 書きましょう。

1パック　$6×1=($ 6 $)$
2パック　$6×(2)=(12)$
3パック　$6×(3)=(18)$
4パック　$6×(4)=(24)$

【5パック分から 9パック分までの 数を もとめましょう。】

5パック（ 6 ）×（ 5 ）=（30）
6パック（ 6 ）×（ 6 ）=（36）
7パック（ 6 ）×（ 7 ）=（42）
8パック（ 6 ）×（ 8 ）=（48）
9パック（ 6 ）×（ 9 ）=（54）

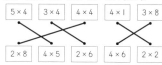

② 6のだんの 九九を れんしゅうしましょう。

六一が　6
六二　12
六三　18
六四　24
六五　30
六六　36
六七　42
六八　48
六九　54

れんしゅうした 回数だけ 色を ぬりましょう。

かけ算②（2） 6のだん　名前　月　日

① 1はこに えんぴつが 6本ずつ 入って います。

① 5はこでは，えんぴつは 何本に なりますか。

しき $6×5=30$

答え 30本

② 6はこでは，えんぴつは 何本に なりますか。

しき $6×6=36$

答え 36本

③ 1はこ ふえると，えんぴつは 何本 ふえますか。

（ 6本 ）

② 6cmの リボンを 8本 作ります。リボンは 何cm あれば いいですか。

しき $6×8=48$

答え 48cm

③ 6のだんの 九九を つかって，計算しましょう。

① $6×3$　18　② $6×5$　30　③ $6×7$　42
④ $6×9$　54　⑤ $6×1$　6　⑥ $6×4$　24
⑦ $6×6$　36　⑧ $6×8$　48　⑨ $6×2$　12

ふくしゅう

① $5×6$　30　② $3×7$　21　③ $4×8$　32
④ $3×1$　3　⑤ $4×7$　28　⑥ $2×5$　10
⑦ $4×3$　12　⑧ $5×2$　10　⑨ $5×5$　25
⑩ $4×9$　36　⑪ $2×3$　6　⑫ $3×9$　27

P.56

かけ算②（3）　7のだん　名前

① バラの 花 7本ずつで 花たばを 作ります。
花たばの 数が ふえると，バラの 花の 数は 何本に なりますか。
（　）に あてはまる 数を 書きましょう。

1たば		7 × 1 =（7）
2たば		7 ×（2）=（14）
3たば		7 ×（3）=21
4たば		7 ×（4）=28

【5たば分から 7たば分までの 数を もとめましょう。】
5たば （7）×（5）=35
6たば （7）×（6）=42
7たば （7）×（7）=49
8たば （7）×（8）=56
9たば （7）×（9）=63

② 7のだんの 九九を れんしゅうしましょう。

七一が　7
七二　14
七三　21
七四　28
七五　35
七六　42
七七　49
七八　56
七九　63

れんしゅうした 回数だけ 色を ぬりましょう。

かけ算②（4）　7のだん　名前

① 1週間は 7日です 4週間では 何日に なりますか。
しき 7×4＝28
答え 28日

② 色紙を 8まい 買います。1まいは 7円です。
ぜんぶで 何円に なりますか。
しき 7×8＝56
答え 56円

③ 水そうに バケツで 7Lずつ 3回 水を 入れました。
水そうに 入れた 水は，何Lですか。
しき 7×3＝21
答え 21L

④ 7のだんの 九九を つかって，計算しましょう。
① 7×4 28　② 7×6 42　③ 7×9 63
④ 7×2 14　⑤ 7×5 35　⑥ 7×1 7
⑦ 7×7 49　⑧ 7×8 56　⑨ 7×3 21

ふくしゅう
① 6×6 36　② 6×7 42　③ 6×8 48
④ 6×1 6　⑤ 6×2 12　⑥ 6×5 30
⑦ 6×3 18　⑧ 6×4 24　⑨ 6×9 54

P.57

かけ算②（5）　8のだん　名前

① たこには 足が 8本ずつ あります。
たこの 数が ふえると，足の 数は 何本に なりますか。
（　）に あてはまる 数を 書きましょう。

1ぴき		8 × 1 =（8）
2ひき		8 ×（2）=16
3びき		8 ×（3）=24
4ひき		8 ×（4）=32

【5ひき分から 9ひき分までの 数を もとめましょう。】
5ひき （8）×（5）=（40）
6ひき （8）×（6）=（48）
7ひき （8）×（7）=（56）
8ひき （8）×（8）=（64）
9ひき （8）×（9）=（72）

② 8のだんの 九九を れんしゅうしましょう。
八一が　8
八二　16
八三　24
八四　32
八五　40
八六　48
八七　56
八八　64
八九　72

れんしゅうした 回数だけ 色を ぬりましょう。

かけ算②（6）　8のだん　名前

① 1本が 8cmの リボンを 作ります。
① 5本 作るには リボン 何cm いりますか。
しき 8×5＝40
答え 40cm

② 5本を 6本に すると，リボンは 何cm 長く いりますか。
（8cm）

② 4人に おり紙を 8まいずつ くばります。
おり紙は 何まい いりますか。
しき 8×4＝32
答え 32まい

③ 8のだんの 九九を つかって，計算しましょう。
① 8×5 40　② 8×3 24　③ 8×8 64
④ 8×1 8　⑤ 8×9 72　⑥ 8×2 16
⑦ 8×7 56　⑧ 8×4 32　⑨ 8×6 48

ふくしゅう
① 7×7 49　② 7×5 35　③ 7×6 42
④ 7×8 56　⑤ 7×2 14　⑥ 7×9 63
⑦ 7×3 21　⑧ 7×1 7　⑨ 7×4 28
⑩ 6×9 54　⑪ 6×4 24　⑫ 6×8 48

P.58

かけ算②（7）　9のだん　名前

① 1はこに チョコレートが 9こずつ 入って います。
はこの 数が ふえると，チョコレートの 数は 何こに なりますか。
（　）に あてはまる 数を 書きましょう。

1はこ		9 × 1 =（9）
2はこ		9 ×（2）=（18）
3はこ		9 ×（3）=27
4はこ		9 ×（4）=36

【5はこ分から 9はこ分までの 数を もとめましょう。】
5はこ （9）×（5）=45
6はこ （9）×（6）=54
7はこ （9）×（7）=63
8はこ （9）×（8）=72
9はこ （9）×（9）=81

② 9のだんの 九九を れんしゅうしましょう。
九一が　9
九二　18
九三　27
九四　36
九五　45
九六　54
九七　63
九八　72
九九　81

れんしゅうした 回数だけ 色を ぬりましょう。

かけ算②（8）　9のだん　名前

① 1こ 9円の あめを 6こ 買います。
ぜんぶで 何円に なりますか。
しき 9×6＝54
答え 54円

② 9cmの 5ばいは 何cmですか。
しき 9×5＝45
答え 45cm

③ 9のだんの 九九を つかって，計算しましょう。
① 9×3 27　② 9×5 45　③ 9×9 81
④ 9×1 9　⑤ 9×4 36　⑥ 9×7 63
⑦ 9×8 72　⑧ 9×6 54　⑨ 9×2 18

ふくしゅう
8のだん
① 8×4 32　② 8×6 48　③ 8×7 56
④ 8×3 24　⑤ 8×5 40　⑥ 8×9 72
⑦ 8×8 64　⑧ 8×1 8　⑨ 8×2 16
7のだん
① 7×6 42　② 7×4 28　③ 7×1 7
④ 7×2 14　⑤ 7×5 35　⑥ 7×8 56
⑦ 7×7 49　⑧ 7×9 63　⑨ 7×3 21
6のだん
① 6×4 24　② 6×5 30　③ 6×1 6
④ 6×2 12　⑤ 6×7 42　⑥ 6×9 54
⑦ 6×8 48　⑧ 6×3 18　⑨ 6×6 36

P.59

かけ算②（9）　1のだん　名前

① パンと ジュースを 5人に 同じ 数ずつ くばります。
下の 絵を 見て，パンの 数と ジュースの 数を それぞれ もとめましょう。

① パンは ぜんぶで 何こに なりますか。
しき 2×5＝10
答え 10こ

② ジュースは ぜんぶで 何本に なりますか。
しき 1×5＝5
答え 5本

③ 人数が ふえると，ジュースの 数は 何本に なりますか。
（　）に あてはまる 数を 書きましょう。
6人 （1）×（6）=（6）
7人 （1）×（7）=（7）
8人 （1）×（8）=（8）
9人 （1）×（9）=（9）

② 1のだんの 九九を れんしゅうしましょう。
一一が　1　　一六が　6
一二が　2　　一七が　7
一三が　3　　一八が　8
一四が　4　　一九が　9
一五が　5

れんしゅうした 回数だけ 色を ぬりましょう。

かけ算②（10）　6のだん〜9のだん　名前

① 計算を しましょう。
① 6×2 12　② 7×1 7　③ 9×4 36
④ 8×5 40　⑤ 6×5 30　⑥ 8×7 56
⑦ 9×8 72　⑧ 7×3 21　⑨ 8×2 16
⑩ 6×6 36　⑪ 9×1 9　⑫ 7×9 63
⑬ 8×4 32　⑭ 7×6 42　⑮ 9×5 45
⑯ 9×3 27　⑰ 6×4 24　⑱ 8×8 64
⑲ 6×9 54　⑳ 7×7 49　㉑ 9×9 81

② 絵を 見て，かけ算の もんだいを つくりましょう。

（例）1ふくろに あめが 4こずつ 入って います。5ふくろでは，あめは 何こに なりますか。

P.60

かけ算 ②（11）　6のだん～9のだん　名前

① 計算を しましょう。

① 7×2 **14**　② 8×3 **24**　③ 9×9 **81**

④ 9×7 **63**　⑤ 6×3 **18**　⑥ 8×1 **8**

⑦ 6×1 **6**　⑧ 7×5 **35**　⑨ 7×6 **42**

⑩ 9×3 **27**　⑪ 8×4 **32**　⑫ 7×8 **56**

⑬ 6×7 **42**　⑭ 8×6 **48**　⑮ 6×9 **54**

⑯ 9×2 **18**　⑰ 6×8 **48**　⑱ 7×9 **63**

⑲ 7×4 **28**　⑳ 8×9 **72**　㉑ 9×6 **54**

② 答えが 同じに なる しきを 線で むすびましょう。

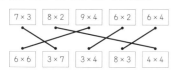

| 7×3 | 8×2 | 9×4 | 6×2 | 6×4 |
| 6×6 | 3×7 | 3×4 | 8×3 | 4×4 |

かけ算 ②（12）　九九のひょうときまり　名前

● 九九の ひょうを 見て 答えましょう。

かけ算の表（かける数 1〜9、かけられる数 1〜9）

① 九九の ひょうの ⑦〜⑦の 数を 書きましょう。

⑦（**16**）　④（**20**）　⑨（**42**）
⑤（**40**）　⑦（**72**）

② 答えが つぎの 数に なる 九九を ぜんぶ 書きましょう。

8（**1×8**）（**8×1**）（**2×4**）（**4×2**）
9（**1×9**）（**9×1**）（**3×3**）
12（**2×6**）（**6×2**）（**3×4**）（**4×3**）
18（**2×9**）（**9×2**）（**3×6**）（**6×3**）
24（**3×8**）（**8×3**）（**4×6**）（**6×4**）
36（**4×9**）（**9×4**）（**6×6**）

P.61

かけ算 ②（13）　九九のひょうときまり　名前

① （ ）に あてはまる ことばや 数を，下の□から えらんで 書きましょう。

① かける数が 1 ふえると，答えは**かけられる数**だけ ふえる。

② 3のだんでは，かける数が 1 ふえると，答えは（ **3** ） ふえる。

③ 7のだんでは，かける数が 1 ふえると，答えは（ **7** ） ふえる。

④ **かける数**と かけられる数を 入れかえて 計算しても，答えは 同じです。

⑤ 2のだんの 答えと 4のだんの 答えを たすと，（ **6** ）のだんの 答えに なります。

かけられる数　かける数　2・3・4・5・6・7

② （ ）に あてはまる 数を 書きましょう。

① 4×5＝（ **5** ）×4
② 7×8＝8×（ **7** ）
③ （ **6** ）×8＝8×6
④ 5×（ **9** ）＝9×5
⑤ 4×9＝4×8＋（ **4** ）
⑥ 7×5＝7×4＋（ **7** ）

かけ算 ②（14）　九九のひょうときまり　名前

① 答えが つぎの 数に なる 九九を ぜんぶ 書きましょう。

① 6 （1×6）（6×1）（2×3）（3×2）
② 16 （2×8）（8×2）（4×4）
③ 25 （5×5）
④ 28 （4×7）（7×4）

② （ ）に あてはまる ことばや 数を 書きましょう。

① かけ算では かける数と **かけられる数**を 入れかえて 計算しても 答えは 同じです。

② 9のだんでは，かける数が 1 ふえると，答えは（ **9** ） ふえる。

③ 4×3の 答えは 4×2の 答えより（ **4** ） 大きい です。

④ 7×6の 答えは 7×7の 答えより（ **7** ） 小さい です。

③ （ ）に あてはまる 数を 書きましょう。

① 4×7＝（ **7** ）×4
② 9×6＝6×（ **9** ）
③ 3×8＝3×7＋（ **6** ）
④ 6×5＝6×4＋（ **6** ）
⑤ 4×6＝4×7－（ **4** ）
⑥ 8×5＝8×6－（ **8** ）

P.62

かけ算 ②（15）　九九のひょうときまり　名前

● みかんは ぜんぶで 何こ ありますか。

4こ　14こ

① みかんの 数を たて 4この 14こ分と みて，しきを 書きましょう。

しき　**4**×**14**

② 4×14の 答えの もとめ方を 考えましょう。
（ ）に あてはまる 数を 書きましょう。

【あみさんの 考え】

	7	8	9	10	11	12	13	14
4のだん	28	32	36	**40**	**44**	**48**	**52**	**56**

【けんさんの 考え】

4こ　8こ　6こ

4×8＝（ **32** ）　4×（ **6** ）＝（ **24** ）
あわせると，（ **32** ）＋（ **24** ）＝（ **56** ）

③ みかんの 数は ぜんぶで 何こですか。 答えを 書きましょう。
（ **56こ** ）

かけ算 ②（16）　図や しきをつかって　名前

● はこに チョコレートは 何こ ありますか。
① 3人の 考えに そって，（ ）に あてはまる 数を 書きましょう。

【ひできさんの 考え】

6こずつが 3れつと
3こずつ 3れつ ならんで います。
6×（ **3** ）＝（ **18** ）
3×（ **3** ）＝（ **9** ）
あわせると，（ **18** ）＋（ **9** ）＝**27**

【みなみさんの 考え】

はこの ぜんぶに 入って いれば
6この 6れつで，6×（ **6** ）＝（ **36** ）
入って いないのは
3この 3れつで，3×（ **3** ）＝**9**
36－（ **9** ）＝**27**

【たいちさんの 考え】

3つの まとまりに 分けると，
その 1つは，3×（ **3** ）＝9
9が 3つ分 あるので，
9×（ **3** ）＝**27**

② チョコレートは ぜんぶで 何こ ありますか。
（ **27こ** ）

P.63

かけ算 ②　まとめ①　名前

① やきゅうの しあいは，1チーム 9人です。

① 6チームでは みんなで 何人に なりますか。

しき　9×6＝54

答え　**54人**

② 7チームでは みんなで 何人に なりますか。

しき　9×7＝63

答え　**63人**

③ 1チーム ふえると，何人 ふえましたか。

（ **9人** ）

② テープを 5本 作ります。 1本を 8cmに します。
テープは ぜんぶで 何cm いりますか。

しき　8×5＝40

答え　**40cm**

③ 計算を しましょう。

① 8×6 **48**　② 9×3 **27**　③ 7×4 **28**

④ 6×4 **24**　⑤ 9×8 **72**　⑥ 8×3 **24**

⑦ 7×6 **42**　⑧ 6×9 **54**　⑨ 7×8 **56**

⑩ 8×8 **64**　⑪ 7×3 **21**　⑫ 9×4 **36**

かけ算 ②　まとめ②　名前

① 右の 九九の ひょうを 見て 答えましょう。

① ⑦〜⑨に あてはまる 数を 書きましょう。

⑦（ **8** ）
④（ **18** ）
⑨（ **45** ）
⑤（ **28** ）
⑦（ **54** ）
⑦（ **33** ）
⑧（ **55** ）

② 答えが つぎの 数に なる 九九を ぜんぶ 書きましょう。

6 （1×6）（6×1）（2×3）（3×2）
12 （2×6）（6×2）（3×4）（4×3）
24 （3×8）（8×3）（4×6）（6×4）
36 （4×9）（9×4）（6×6）

② （ ）に あてはまる 数を 書きましょう。

① 8×3＝（ **3** ）×8
② 7×5＝5×（ **7** ）
③ 6×8＝6×7＋（ **6** ）
④ 6×9＝6×8＋（ **6** ）
⑤ 9×7＝9×8－（ **9** ）

142

P.64

10000 までの 数 (1)　名前

● つぎの 数に ついて，（　）に あてはまる 数字を 書きましょう。

(1)
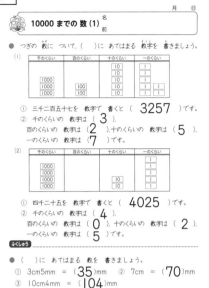

① 三千二百五十七を 数字で 書くと（ 3257 ）です。
② 千のくらいの 数字は（ 3 ），
百のくらいの 数字は（ 2 ），十のくらいの 数字は（ 5 ），
一のくらいの 数字は（ 7 ）です。

(2)

① 四千二十五を 数字で 書くと（ 4025 ）です。
② 千のくらいの 数字は（ 4 ），
百のくらいの 数字は（ 0 ），十のくらいの 数字は（ 2 ），
一のくらいの 数字は（ 5 ）です。

ふくしゅう
● （　）に あてはまる 数を 書きましょう。
① 3cm5mm ＝（ 35 ）mm　② 7cm ＝（ 70 ）mm
③ 10cm4mm ＝（ 104 ）mm
④ 58mm ＝（ 5 ）cm（ 8 ）mm　⑤ 80mm ＝（ 8 ）cm

10000 までの 数 (2)　名前

① つぎの 数を 読んで，かん字で 書きましょう。
① 2685　（二千六百八十五）
② 1270　（千二百七十）
③ 9043　（九千四十三）
④ 6008　（六千八）

② つぎの 数を 数字で 書きましょう。
① 五千七百六十二　（ 5762 ）
② 千八百四十三　（ 1843 ）
③ 二千五十九　（ 2059 ）
④ 三千百七十　（ 3170 ）
⑤ 七千八　（ 7008 ）
⑥ 五千　（ 5000 ）
⑦ 千百　（ 1100 ）
⑧ 千十　（ 1010 ）

ふくしゅう
① 4cm4mm ＋ 2cm　6cm4mm
② 3cm ＋ 6cm2mm　9cm2mm
③ 6cm2mm ＋ 3cm5mm　9cm7mm
④ 6cm7mm － 4cm　2cm7mm
⑤ 8cm9mm － 4cm　8cm5mm
⑥ 6cm8mm － 5cm3mm　1cm5mm

P.65

10000 までの 数 (3)　名前

① 下の カードは いくつを あらわして いますか。（　）に あてはまる 数を 書きましょう。
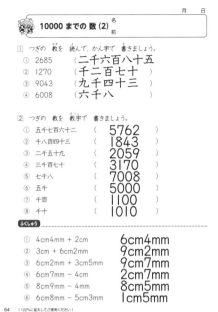

① 100 が（ 14 ）こ あります。100 は（ 10 ）こで
1000 に なります。
② 上の カードの 数は（ 4406 ）です。

② 3024 を 数の カードで あらわしましょう。

● （　）に あてはまる 数を 書きましょう。
① 1L ＝（ 1000 ）mL　② 1L ＝（ 10 ）dL
③ 1L2dL ＝（ 12 ）dL　④ 3L7dL ＝（ 37 ）dL
⑤ 15dL ＝（ 1 ）L（ 5 ）dL
⑥ 34dL ＝（ 3 ）L（ 4 ）dL　⑦ 1dL ＝（ 100 ）mL

10000 までの 数 (4)　名前

● （　）に あてはまる 数を 書きましょう。
① 1000 を 7こ，100 を 4こ，10 を 6こ，1 を 2こ
あわせた 数は（ 7462 ）です。
② 1000 を 8こ，1 を 7こ あわせた 数は（ 8007 ）
です。
③ 7359 は，1000 を（ 7 ）こ，100 を（ 3 ）こ，10 を
（ 5 ）こ，1 を（ 9 ）こ あわせた 数です。
④ 5063 は，1000 を（ 5 ）こ，10 を（ 6 ）こ，
1 を（ 3 ）こ あわせた 数です。
⑤ 9007 は，1000 を（ 9 ）こ，1 を（ 7 ）こ
あわせた 数です。
⑥ 千のくらいが 4，百のくらいが 0，十のくらいが 8，
一のくらいが 0の 数は（ 4080 ）です。
⑦ 千のくらいと 百のくらいと 十のくらいと 一のくらいが
0の 数は（ 9900 ）です。

ふくしゅう
① 2L4dL ＋ 2L　4L4dL　② 3dL ＋ 1L4dL　1L7dL
③ 1L5dL ＋ 5dL　2L　④ 4L7dL － 3L　1L7dL
⑤ 3L8dL － 2dL　3L6dL　⑥ 1L6dL － 6dL　1L
⑦ 3L8dL － 3L　8dL　⑧ 1L － 7dL　3dL

P.66

10000 までの 数 (5)　名前

① 100 を つぎの 数だけ あつめた 数は いくつですか。
（　）に あてはまる 数を 書きましょう。
① 100 を 16こ あつめた 数
100 が 10こで（ 1000 ）
100 が 6こで（ 600 ）} 100 が 16こで（ 1600 ）
② 100 を 27こ あつめた 数は（ 2700 ）です。
③ 100 を 31こ あつめた 数は（ 3100 ）です。

② つぎの 数は，100 を 何こ あつめた 数ですか。
（　）に あてはまる 数を 書きましょう。
① 1400
1000は 100 が（ 10 ）
400は 100 が（ 4 ）} 1400は 100 が（ 14 ）あつめた 数です。
② 2400 は，100 を（ 24 ）こ あつめた 数です。
③ 4700 は，100 を（ 47 ）こ あつめた 数です。

ふくしゅう
① 43 ＋ 26　69　② 4 ＋ 41　45　③ 37 ＋ 46　83　④ 58 ＋ 9　67

10000 までの 数 (6)　名前

① 下の 数の線の ⑦～②に あたる 数を 書きましょう。
①
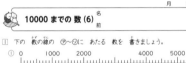
⑦（ 700 ）　④（ 1800 ）　⑦（ 3000 ）
②（ 3500 ）　⑥ 4300

②
⑦（ 6900 ）　④（ 7000 ）　⑦（ 7100 ）
②（ 7200 ）　⑥ 7400

③
⑦（ 2990 ）　④（ 3000 ）　⑦（ 3010 ）
②（ 3020 ）　⑥ 3030

② どちらの 数が 大きいですか。
（　）に ＞か ＜を 書きましょう。
① 4789（ ＜ ）4798　② 8001（ ＞ ）7999
③ 5899（ ＞ ）5982　④ 2799（ ＜ ）2801

P.67

10000 までの 数 (7)　名前

① （　）に あてはまる 数を 書きましょう。
① 千を（ 10 ）こ あつめた 数を 一万と いい，
（ 10000 ）と 書きます。
② 10000 は，100 を（ 100 ）こ あつめた 数です。
③ 10000 より 1000 小さい 数は（ 9000 ）です。
④ 10000 より 100 小さい 数は（ 9900 ）です。
⑤ 10000 より 10 小さい 数は（ 9990 ）です。
⑥ 10000 より 1 小さい 数は（ 9999 ）です。

② 計算を しましょう。
① 300 ＋ 700　1000　② 800 ＋ 600　1400
③ 1000 － 500　500　④ 1200 － 800　400

ふくしゅう
① 78 － 42　36　② 62 － 49　13　③ 90 － 66　24　④ 42 － 5　37

● 赤い 花と 黄色い 花が あわせて 92本 さいて います。
そのうち 48本は 赤い 花です。黄色い 花は 何本ですか。
しき 92－48＝44
答え 44本

10000 までの 数 (8)　名前

① 下の 数の線の ⑦～②に あたる 数を 書きましょう。
①
⑦ 6500　④ 7700　⑦ 9500　② 10000
②
④ 9600　④ 9700　⑦ 9800　② 9900
③
④ 9960　④ 9970　⑦ 9980　② 9990
④
④ 9996　⑥ 9997　⑦ 9998　② 9999

ふくしゅう
● はたけの トマトが きのうは 46こ，今日は 61こ とれました。
今日は きのうより 何こ 多く とれましたか。
しき 61－46＝15
答え 15こ

143

P.68

10000 までの 数 (9)

● つぎの 数を 下の 数の線に ↑で 書き入れ，（ ）に あてはまる 数を 書きましょう。

(1) 4700

① 4700を あらわす めもりに ↑を 書きましょう。

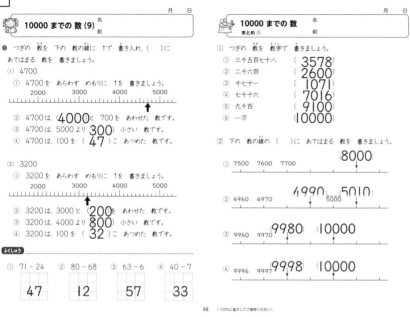

② 4700は（ 4000 ）と 700を あわせた 数です。

③ 4700は 5000 より（ 300 ）小さい 数です。

④ 4700は 100を（ 47 ）こ あつめた 数です。

(2) 3200

① 3200を あらわす めもりに ↑を 書きましょう。

② 3200は 3000と（ 200 ）を あわせた 数です。

③ 3200は 4000 より（ 800 ）小さい 数です。

④ 3200は 100を（ 32 ）こ あつめた 数です。

ふくしゅう

① 71 − 24　② 80 − 68　③ 63 − 6　④ 40 − 7

| 47 | 12 | 57 | 33 |

68　（122%に拡大してご使用ください）

10000 までの 数　まとめ ①

① つぎの 数を 数字で 書きましょう。

① 三千五百七十八　（ 3578 ）
② 二千六百　（ 2600 ）
③ 千七十一　（ 1071 ）
④ 七千十六　（ 7016 ）
⑤ 九千百　（ 9100 ）
⑥ 一万　（ 10000 ）

② 下の 数の線の （ ）に あてはまる 数を 書きましょう。

① 7500　7600　7700　（ 8000 ）

② 4960　4970　（ 4990 ）　（ 5010 ）　5000

③ 9960　9970　（ 9980 ）　（ 10000 ）

④ 9996　9997　（ 9998 ）　（ 10000 ）

P.69

10000 までの 数　まとめ ②

① つぎの 数を （ ）に 数字で 書きましょう。

① 1000を 7こ，100を 5こ，10を 9こ，1を 2こ あわせた 数（ 7592 ）

② 1000を 6こ，10を 8こ あわせた 数（ 6080 ）

③ 1000を 5こ，1を 7こ あわせた 数（ 5007 ）

④ 100を 26こ あつめた 数（ 2600 ）

⑤ 1000を 10こ あつめた 数（ 10000 ）

② どちらの 数が 大きいですか。＜か ＞を つかって あらわしましょう。

① 5000（ ＞ ）4999　② 3299（ ＜ ）3301

③ 8251（ ＞ ）8249　④ 9998（ ＜ ）10000

③ つぎの 数について （ ）に あてはまる 数を 書きましょう。

(1) 5900

① 5900は 5000と 900を あわせた 数です。

② 5900は 6000よりも（ 100 ）小さい 数です。

③ 5900は 100を（ 59 ）こ あつめた 数です。

(2) 9600

① 9600は 9000と（ 600 ）を あわせた 数です。

② 9600は 10000より（ 400 ）小さい 数です。

③ 9600は 100を（ 96 ）こ あつめた 数です。

69　（122%に拡大してご使用ください）

長い 長さ (1)

① （ ）に あてはまる 数を 書きましょう。

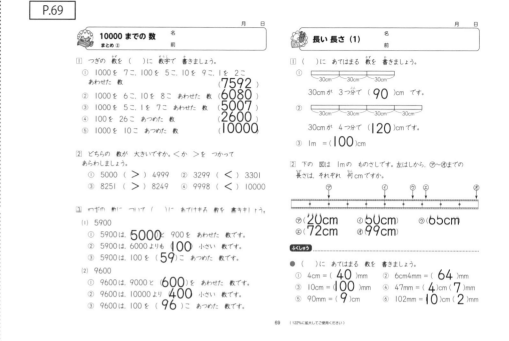

① 30cmが 3つ分で（ 90 ）cm です。

② 30cmが 4つ分で（ 120 ）cm です。

③ 1m ＝（ 100 ）cm

② 下の 図は 1mの ものさしです。左はしから，⑦〜⑦までの 長さは，それぞれ 何cmですか。

⑦（ 20cm ）　④（ 50cm ）　⑦（ 65cm ）

⑦（ 72cm ）　⑦（ 99cm ）

ふくしゅう

● （ ）に あてはまる 数を 書きましょう。

① 4cm ＝（ 40 ）mm　② 6cm4mm ＝（ 64 ）mm

③ 10cm ＝（ 100 ）mm　④ 47mm ＝（ 4 ）cm（ 7 ）mm

⑤ 90mm ＝（ 9 ）cm　⑥ 102mm ＝（ 10 ）cm（ 2 ）mm

P.70

長い 長さ (2)

● つぎの テープの 長さを 書きましょう。

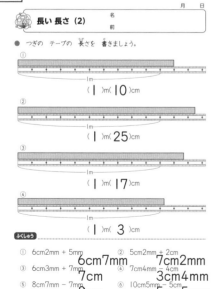

①（ 1 ）m（ 10 ）cm

②（ 1 ）m（ 25 ）cm

③（ 1 ）m（ 17 ）cm

④（ 1 ）m（ 3 ）cm

ふくしゅう

① 6cm2mm ＋ 5mm（ 6cm7mm ）　② 5cm2mm ＋ 2cm（ 7cm2mm ）

③ 6cm3mm ＋ 7mm（ 7cm ）　④ 7cm4mm − 4cm（ 3cm4mm ）

⑤ 8cm7mm − 7mm（ 8cm ）　⑥ 10cm5mm − 5cm（ 5cm5mm ）

長い 長さ (3)

● （ ）に あてはまる 数を 書きましょう。

① 1m ＝（ 100 ）cm
② 2m ＝（ 200 ）cm
③ 1m80cm ＝（ 180 ）cm
④ 2m45cm ＝（ 245 ）cm
⑤ 3m8cm ＝（ 308 ）cm
⑥ 300cm ＝（ 3 ）m
⑦ 260cm ＝（ 2 ）m（ 60 ）cm
⑧ 195cm ＝（ 1 ）m（ 95 ）cm
⑨ 273cm ＝（ 2 ）m（ 73 ）cm
⑩ 109cm ＝（ 1 ）m（ 9 ）cm

ふくしゅう

① 73 ＋ 65　② 46 ＋ 98　③ 67 ＋ 83　④ 67 ＋ 39

| 138 | 144 | 150 | 106 |

● おり紙で わかざりを 76こ 作りました。後から，また 8こ 作りました。わかざりは ぜんぶで 何こ できましたか。

しき 76 ＋ 8 ＝ 84

答え 84こ

70　（122%に拡大してご使用ください）

P.71

長い 長さ (4)

① （ ）に あてはまる 長さの たんい（m，cm，mm）を 書きましょう。

① 電車 1りょうの 長さ　20（ m ）

② 教科書の あつさ　5（ mm ）

③ 学校の つくえの 高さ　50（ cm ）

④ プールの ふかさ　1（ m ）

② テープの 長さを mや cmで あらわしましょう。

①

1240mm ＝（ 124 ）cm

1240mm ＝（ 1 ）m（ 24 ）cm

m	cm	mm
1	2	40

②

2170mm ＝（ 217 ）cm

2170mm ＝（ 2 ）m（ 17 ）cm

m	cm	mm
2	1	70

ふくしゅう

① 78 ＋ 54　② 59 ＋ 86　③ 57 ＋ 48　④ 96 ＋ 7

| 132 | 145 | 105 | 103 |

長い 長さ (5)

① よこの 長さの ちがう 2台の テーブルが あります。

① 2台の テーブルの よこの 長さの ちがいは 何cmですか。

しき 1m40cm − 1m ＝ 40cm

答え 40cm

② 2台の テーブルを あわせると，何m何cmに なりますか。

しき 1m40cm ＋ 1m ＝ 2m40cm

答え 2m40cm

② 計算を しましょう。

① 2m40cm ＋ 30cm　2m70cm
② 4m ＋ 50cm　4m50cm
③ 1m30cm ＋ 1m20cm　2m50cm
④ 1m80cm − 50cm　1m30cm
⑤ 2m30cm − 30cm　2m

ふくしゅう

① 126 − 45　② 132 − 76　③ 107 − 39　④ 104 − 9

| 81 | 56 | 68 | 95 |

71　（122%に拡大してご使用ください）

児童に実施させる前に，必ず指導される方が問題を解いてください。本書の解答は，あくまでも１つの例です。指導される方の作られた解答をもとに，本書の解答例を参考に児童の多様な考えに寄り添って○つけをお願いします。

解答

P.72

長い 長さ まとめ

① つぎの テープの 長さは 何m何 cm ですか。
また，それは 何 cm ですか。

(1)m(25)cm，(125)cm

(1)m(8)cm，(108)cm

② つぎの 長さを 長い じゅんに 書きましょう。

① 2m15cm　2m　205cm
(2m15cm)・(205cm)→(2m)

② 1m3cm　133cm　1m30cm
(133cm)→(1m30cm)→(1m3cm)

③ ( ) に あてはまる 長さの たんい (m，cm，mm) を
書きましょう。
① プールの たての 長さ　25(m)
② 子どもの しん長　1(m)25(cm)
③ 切手の たての 長さ　25(mm)
④ ノートの たての 長さ　25(cm)

図を つかって 考えよう (1)

● へやに いくかんに 16人 います。後から 何人か 来たので，みんなで 31人に なりました。後から 来たのは 何人ですか。

① 下の 図の ( ) に 数を 書きましょう。

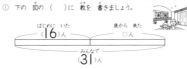

はじめに いた (16)人　後から 来た (□)人
みんなで (31)人

② 上の 図を 見て，しきと 答えを 書きましょう。

しき 31 − 16 = 15

答え 15人

ふくしゅう

① 6×7 42 ② 5×2 10 ③ 1×9 9
④ 9×2 18 ⑤ 2×4 8 ⑥ 6×3 18
⑦ 4×5 20 ⑧ 7×1 7 ⑨ 8×4 32
⑩ 3×3 9 ⑪ 4×6 24 ⑫ 9×7 63
⑬ 7×4 28 ⑭ 9×8 72 ⑮ 8×8 64
⑯ 3×8 24 ⑰ 6×9 54 ⑱ 7×9 63

P.73

図を つかって 考えよう (2)

● ゼリーが 何こか あります。24こ くばったので，のこりが 7こに なりました。ゼリーは，はじめ 何こ ありましたか。

① 下の 図の ( ) に 数を 書きましょう。

はじめに あった (□)こ
くばった (24)こ　のこり (7)こ

② 上の 図を 見て，しきと 答えを 書きましょう。

しき 24 + 7 = 31

答え 31こ

ふくしゅう

① 2×6 12 ② 8×3 24 ③ 5×8 40
④ 1×7 7 ⑤ 3×5 15 ⑥ 6×5 30
⑦ 4×9 36 ⑧ 7×7 49 ⑨ 8×2 16
⑩ 6×9 54 ⑪ 9×5 45 ⑫ 8×7 56
⑬ 6×6 36 ⑭ 5×3 15 ⑮ 7×4 28
⑯ 6×8 48 ⑰ 8×5 40 ⑱ 6×4 24

図を つかって 考えよう (3)

● 公園に 何人か います。後から 5人 来たので，みんなで 22人に なりました。はじめに いたのは 何人ですか。

① □ の ことばを つかって，図を かんせいさせましょう。

はじめに いた ・ みんなで ・ 22人 ・ □人

はじめに いた (□)人　後から 来た (5)人
みんなで (22)人

② 上の 図を 見て，しきと 答えを 書きましょう。

しき 22 − 5 = 17

答え 17人

ふくしゅう

● 1さらに たこやきが 6こずつ 入って います。
4さらでは，たこやきは 何こに なりますか。

しき 6×4 = 24

答え 24こ

● はこが 6はこ あります。どれにも ケーキが 2こずつ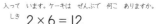
入って います。ケーキは ぜんぶで 何こ ありますか。

しき 2×6 = 12

答え 12こ

P.74

図を つかって 考えよう (4)

● ロープが 85cm あります。何cmか つかったので，のこりが 8cmに なりました。つかった ロープは 何cmですか。

① □ の ことばを つかって，図を かんせいさせましょう。

はじめ ・ つかった ・ □cm ・ 85cm

はじめ (85cm)
つかった (□)cm　のこり (8cm)

② 上の 図を 見て，しきと 答えを 書きましょう。

しき 85 − 8 = 77

答え 77cm

ふくしゅう

● 高さ 5cmの つみ木を 8こ つみます。
高さは ぜんぶで 何cmに なりますか。

しき 5×8 = 40

答え 40cm

● びんが 9本 あります。どれにも ジュースが 4dL ずつ
入って います。ジュースは ぜんぶで 何dL ありますか。

しき 4×9 = 36

答え 36dL

図を つかって 考えよう まとめ①

① 色紙を 18まい もって いました。何まいか もらったので
色紙は ぜんぶで 32まいに なりました。もらった 色紙は
何まいですか。

① □ の ことばを つかって，図を かんせいさせましょう。

もらった ・ ぜんぶで ・ 32まい ・ □まい

もって いた 18まい　もらった (□)まい
ぜんぶで 32まい

② 上の 図を 見て，しきと 答えを 書きましょう。

しき 32 − 18 = 14

答え 14まい

② いちごが 何こか あります。みんなで 18こ 食べたので
のこりが 12こに なりました。いちごは はじめに 何こ
ありましたか。

はじめ □ こ
食べた 18こ　のこり 12こ

しき 18 + 12 = 30

答え 30こ

P.75

図を つかって 考えよう まとめ②

① シールが 96まい ありました。何まいか つかったので
のこりが 28まいに なりました。何まい つかいましたか。

① □ の ことばを つかって，図を かんせいさせましょう。

つかった ・ はじめ ・ 96まい ・ □まい

はじめ 96まい
つかった (□)まい　のこり 28まい

② 上の 図を 見て，しきと 答えを 書きましょう。

しき 96 − 28 = 68

答え 68まい

② テープが 15cm あります。何cmか つないだので
あわせて 24cmに なりました。何cm つなぎましたか。
(つなぎめの 長さは 考えません。)

はじめ15cm　ついだ □cm
あわせて 24cm

しき 24 − 15 = 9

答え 9cm

分数 (1)

① 色の ついた ところが もとの 大きさの $\frac{1}{2}$ に なって
いるのは どれですか。( ) に ○を つけましょう。

もとの 大きさ　( )　(○)　( )

② $\frac{1}{2}$ の 大きさに 色を ぬりましょう。

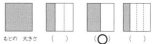

① ② ③ (例)

③ 色の ついた ところが もとの 長さの $\frac{1}{2}$ に なって いるのは
どれですか。( ) に ○を つけましょう。

もとの 長さ
ア ( )
イ ( )
ウ (○)

ふくしゅう

① 72 + 94 = 166
② 39 + 76 = 115
③ 67 + 83 = 150
④ 29 + 76 = 105

145

解答　児童に実施させる前に，必ず指導される方が問題を解いてください。本書の解答は，あくまでも１つの例です。指導される方の作られた解答をもとに，本書の解答例を参考に児童の多様な考えに寄り添って○つけをお願いします。

P.76

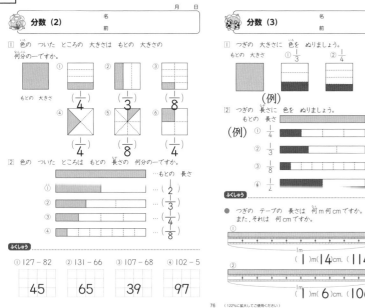

分数 (2)

① 色の ついた ところの 大きさは もとの 大きさの 何分の一ですか。

もとの 大きさ

① $\left(\dfrac{1}{4}\right)$　② $\left(\dfrac{1}{3}\right)$　③ $\left(\dfrac{1}{8}\right)$

④ $\left(\dfrac{1}{4}\right)$　⑤ $\left(\dfrac{1}{8}\right)$　⑥ $\left(\dfrac{1}{4}\right)$

② 色の ついた ところは もとの 長さの 何分の一ですか。

…もとの 長さ

① … $\left(\dfrac{1}{2}\right)$
② … $\left(\dfrac{1}{3}\right)$
③ … $\left(\dfrac{1}{4}\right)$
④ … $\left(\dfrac{1}{8}\right)$

ふくしゅう

① 127 − 82　② 131 − 66　③ 107 − 68　④ 102 − 5

| 45 | 65 | 39 | 97 |

分数 (3)

① つぎの 大きさに 色を ぬりましょう。

もとの 大きさ　① $\dfrac{1}{3}$　② $\dfrac{1}{4}$　③ $\dfrac{1}{8}$

（例）

② つぎの 長さに 色を ぬりましょう。

もとの 長さ
（例）① $\dfrac{1}{4}$
② $\dfrac{1}{3}$
③ $\dfrac{1}{8}$
④ $\dfrac{1}{2}$

ふくしゅう

● つぎの テープの 長さは 何m何cm ですか。
また，それは 何cm ですか。

① （ 1 ）m（ 14 ）cm，（ 114 ）cm
② （ 1 ）m（ 6 ）cm，（ 106 ）cm

P.77

分数 (4)
ばいと 分数

● 2人の テープの 長さを くらべましょう。

(1) けん
あや

① けんさんの テープの 長さは，あやさんの テープの 長さの 何ばいですか。　（ 2 ）ばい

② あやさんの テープの 長さは，けんさんの テープの 長さの 何分の一ですか。　$\left(\dfrac{1}{2}\right)$

(2) まさし
もえ

① まさしさんの テープの 長さは，もえさんの テープの 長さの 何分の一ですか。　$\left(\dfrac{1}{4}\right)$

② もえさんの テープの 長さは，まさしさんの テープの 長さの 何ばいですか。　（ 4 ）ばい

ふくしゅう

● つぎの 水の かさを ⑦，④，⑰の あらわし方で 書きましょう。

① ⑦（ 2 ）L　④（ 20 ）dL　⑰ 2000

② ⑦（ 1 ）L（ 5 ）dL
④（ 15 ）dL　⑰ 1500

分数
まとめ

① （ ）に あてはまる 数を 書きましょう。

⑦は，もとの 大きさを 同じ 大きさに （ 2 ）つに 分けた 1つ分です。
これを $\left(\dfrac{1}{2}\right)$ と 書きます。

④は，もとの 大きさを 同じ 大きさに （ 4 ）つに 分けた 1つ分です。
これを $\left(\dfrac{1}{4}\right)$ と 書きます。

② 色の ついた ところの 大きさは，もとの 大きさの 何分の一 ですか。

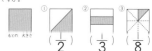

① $\left(\dfrac{1}{2}\right)$　② $\left(\dfrac{1}{3}\right)$　③ $\left(\dfrac{1}{8}\right)$

③ つぎの 分数を あらわすのに ふさわしい テープを えらんで 線で つなぎ，その 長さに 色を ぬりましょう。

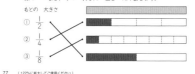

もとの 大きさ
① $\dfrac{1}{2}$
② $\dfrac{1}{4}$
③ $\dfrac{1}{8}$

P.78

はこの 形 (1)

● ⑦と ④の はこの 形に ついて 答えましょう。

⑦
① 面は いくつ ありますか。　（ 6 ）つ
② 同じ 形の 面は いくつずつ ありますか。　（ 2 ）つずつ
③ 面の 形は 何と いう 四角形ですか。　（ 長方形 ）

④
① 面は いくつ ありますか。　（ 6 ）つ
② 同じ 形の 面は いくつ ありますか。　（ 6 ）つ
③ 面の 形は 何と いう 四角形ですか。　（ 正方形 ）

ふくしゅう

① 54 + 78　② 95 + 35　③ 76 + 29　④ 93 + 8

| 132 | 130 | 105 | 101 |

● 色紙を 78まい つかうと，のこりは 56まいに なりました。
はじめに 色紙は 何まい ありましたか。

しき 78 + 56 = 134

答え 134まい

はこの 形 (2)

● ⑤と ⑩の 面を テープで つないで はこを 作ります。
⑦，④，⑪，⑰の どの はこが できますか。線で つなぎましょう。

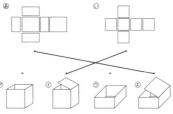

⑦　④　⑰　⑰

ふくしゅう

① 146 − 78　② 152 − 94　③ 109 − 43　④ 105 − 7

| 68 | 58 | 66 | 98 |

● テープが 120cm ありました。75cm つかいました。
のこりは 何cm ですか。

しき 120 − 75 = 45

答え 45cm

P.79

はこの 形 (3)

① 右の はこの 形に ついて，（ ）に あてはまる ことばを □ から えらんで 書きましょう。

① ⑥，⑧，⑰のような たいらな ところを （ 面 ）と いいます。
② ⑦のように，面と 面の さかいに なって いる 直線を （ へん ）と いいます。
③ ④のように，3本の へんが あつまって いる ところを （ ちょう点 ）と いいます。
④ 面の 形は （ 長方形 ）に なって います。

面 ・ 長方形 ・ へん ・ ちょう点

② 下の ⑥の はこを 作ります。ア，イの どちらを 組み立てると ⑥の はこが できますか。記ごうに ○を つけましょう。

⑦

イ

ふくしゅう

① 153 − 86　② 103 − 98　③ 112 − 95　④ 160 − 74

| 67 | 5 | 17 | 86 |

はこの 形 (4)

● ひごと ねん土玉を つかって，右のような はこの 形を 作ります。

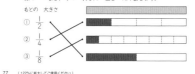

① ねん土玉は ぜんぶで 何こ いりますか。　（ 8 ）こ

② 何cmの ひごが 何本 いりますか。下の ひょうに 書きましょう。

ひごの 長さ	ひごの 本数
4cm	（ 4 ）本
5cm	（ 4 ）本
（ 6 ）cm	（ 4 ）本

ふくしゅう

① 2 × 8　16　② 4 × 6　24　③ 2 × 3　6
④ 4 × 9　36　⑤ 8 × 8　64　⑥ 1 × 9　9
⑦ 9 × 3　27　⑧ 7 × 8　56　⑨ 5 × 7　35
⑩ 6 × 2　12　⑪ 3 × 4　12　⑫ 9 × 6　54

● リボンを 9本 作りました。1本の 長さは 8cmです。
リボンを ぜんぶで 何cm つかいましたか。

しき 8 × 9 = 72

答え 72cm

P.80

はこの 形 (5)　名前

① ひごと ねん土玉を つかって，右のような さいころの 形を 作ります。
① ねん土玉は ぜんぶで 何こ いりますか。
（ 8 ）こ
② 5cmの ひごは 何本 いりますか。
（ 12 ）本

② 右のような さいころの 形を 工作用紙で 作ります。
へんの 長さが 何cmの 正方形を 何まい 作れば いいですか。
へんの 長さが（ 4 ）cmの 正方形を（ 6 ）まい

ふくしゅう
● はこの 中に チョコレートが 右の 図の ように 入って います。
チョコレートは ぜんぶで 何こ ありますか。
かけ算の しきも つかって もとめましょう。

（例）
5 × 3 = 15
2 × 2 = 4
15 + 4 = 19

答え 19こ

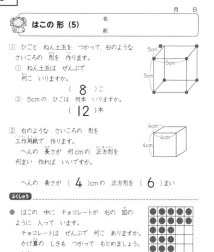

はこの 形　まとめ　名前

① 右のような はこを 作ります。
⑦〜⑰の どの 面が，何まい あれば いいですか。（ ）に 書きましょう。
（ イ ）が（ 2 ）まい
（ ウ ）が（ 2 ）まい
（ エ ）が（ 2 ）まい

② 右の はこの 形に ついて，答えましょう。
① 面は いくつ ありますか。
（ 6 ）つ
② 3cmの へんは 何本 ありますか。
（ 12 ）本
③ ちょう点は 何こ ありますか。（ 8 ）こ
④ 面は 何と いう 形ですか。（ 正方形 ）

③ ひごと ねん土玉を つかって，右のような はこの 形を 作ります。それぞれの 長さの ひごは 何本 いりますか。
3cmの ひごは（ 4 ）本
5cmの ひごは（ 4 ）本
8cmの ひごは（ 4 ）本

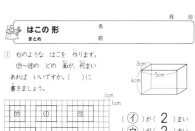

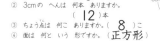
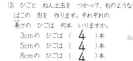

P.81

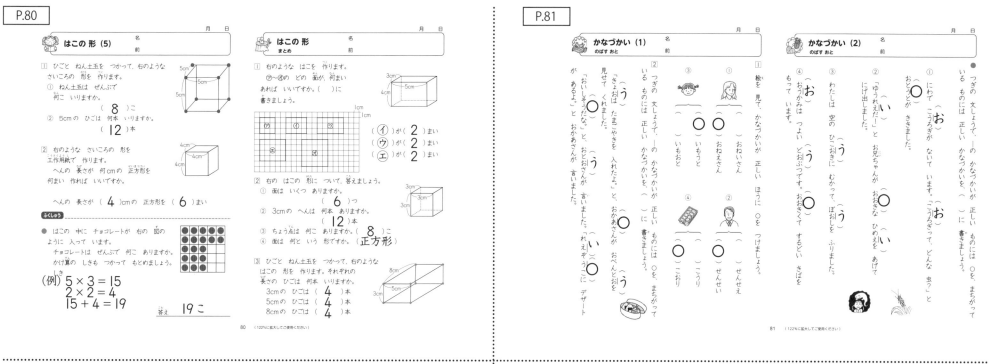

かなづかい (1)　のばす おと　名前

かなづかい (2)　のばす おと　名前

P.82

かなづかい (3)　ちいさい文字　名前

かなづかい (4)　ちいさい文字　名前

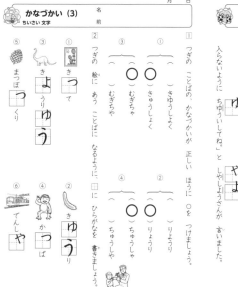
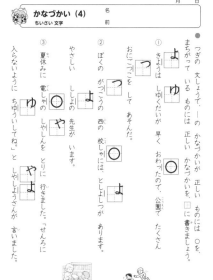

P.83

かなづかい (5)　は・わ、へ・え、お・を、じ・ぢ、ず・づ　名前

かなづかい (6)　は・わ、お・を　名前

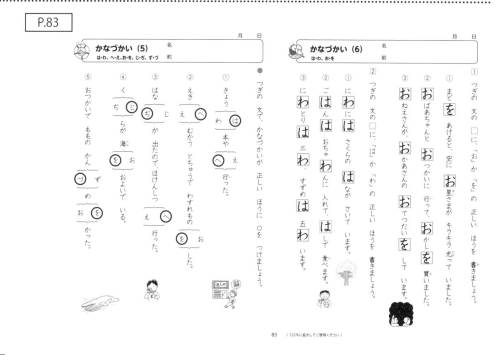

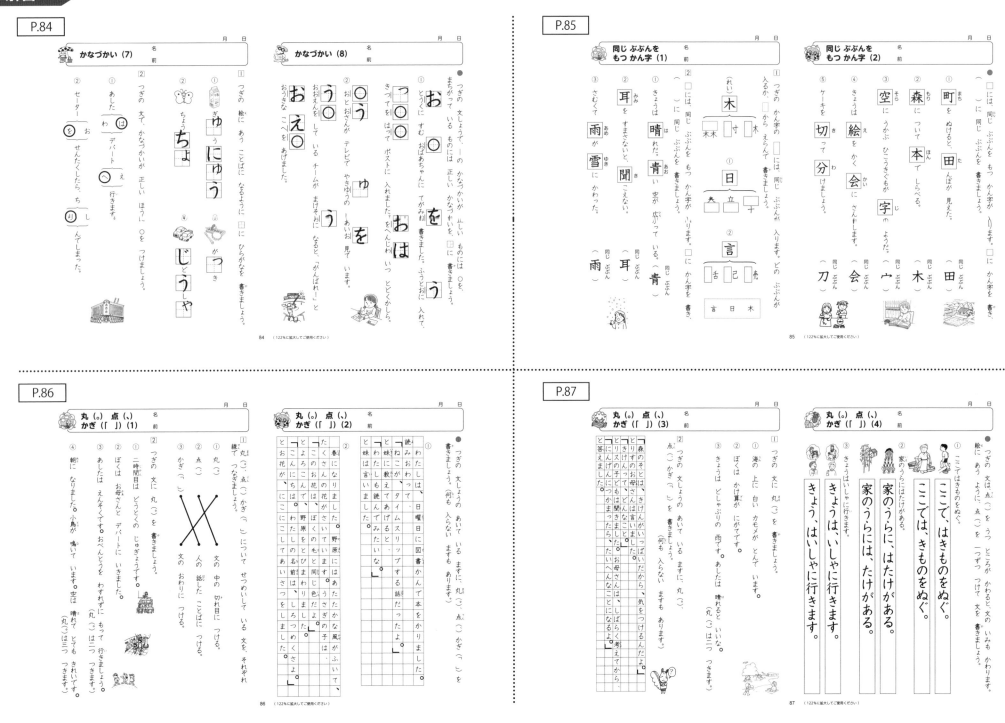

P.84

P.85

P.86

P.87

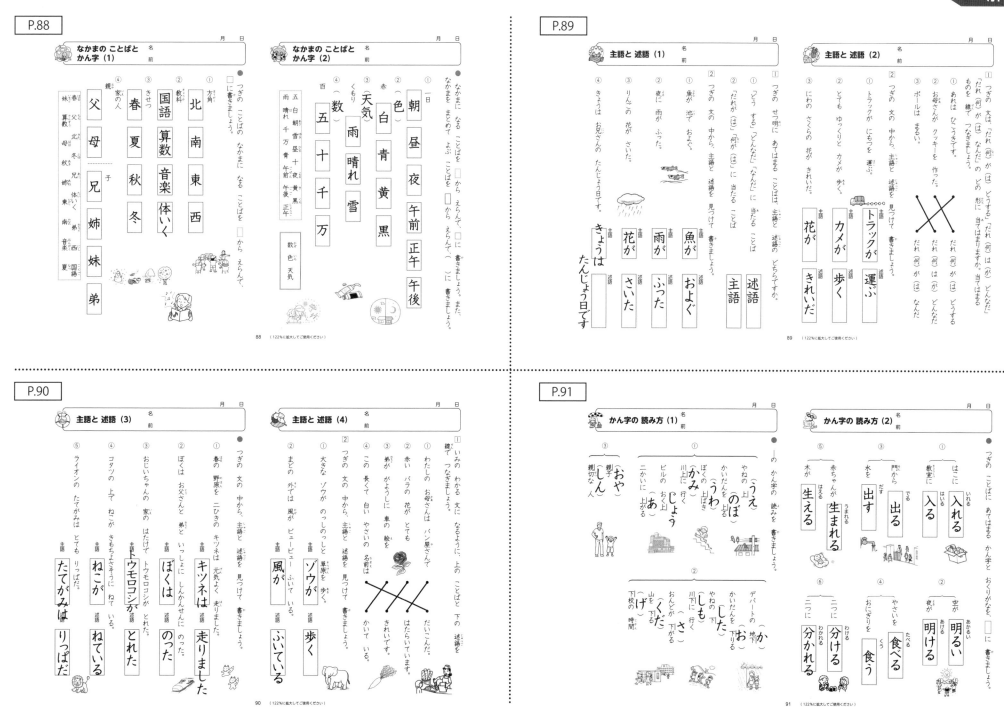

P.88

なかまの ことばと かん字 (1)

なかまの ことばと かん字 (2)

P.89

主語と 述語 (1)

主語と 述語 (2)

P.90

主語と 述語 (3)

主語と 述語 (4)

P.91

かん字の 読み方 (1)

かん字の 読み方 (2)

解答 児童に実施させる前に，必ず指導される方が問題を解いてください。本書の解答は，あくまでも1つの例です。指導される方の作られた解答をもとに，本書の解答例を参考に児童の多様な考えに寄り添って○つけをお願いします。

P.96

はんたいの いみの ことば (1)

① 大きい → 小さい
② ねる → おきる
③ 強い → 弱い

② えらんで □ に 書きましょう。
下　左　小さい　少ない　おきる

① あの 山は とても 高い。→ ひくい
② この おすしは 高い。→ やすい
⑤ 強い
③ 大きい
④ 多い → 少ない
⑥ 上
④ 右 → 左

はんたいの いみの ことば (2)

① れつの 前に ならぶ。→ 後ろ
② この お茶は とても あつい。→ つめたい
③ じゃんけんを して お兄ちゃんに まける。→ かつ
④ ふとい 木の ぼうが おちて いる。→ かるい
⑤ この へやは とても おもい。→ ほそい
⑥ この はこは とても おもい。→ さむい

かつ　かるい　さむい　ほそい　つめたい　後ろ

P.97

ようすを あらわす ことば (1)

① 星が キラキラ 光って いる。
② 大きな ゾウが のっしのっし と 歩いて いる。
③ おふろに 入って、体が ぽかぽか してきた。

キラキラ　ぽかぽか　のっしのっし

② ○ に ○を 書きましょう。
(○) ① この はこは まるで いわの ようだ。
(○) ② この はこは まるで 岩の ようだ。
(　) ③ この クッションは ゴツゴツして いる。

② やわらかい ようす
③ かるい ようす

ようすを あらわす ことば (2)

① あつくて あせが たきのように ながれた。→ たきのように
② 台風の 日は 風が まるで ろうそくの ほのおが ビュービュー ふいて いる。→ ビュービュー
③ 花の 上を チョウが ひらひら とんで いた。→ ひらひら
④ ろうそくは まるで かめのように ゆっくり かえって いた。→ かめのように
⑤ あまい においが して ケーキみたいな 形の せっけん。→ ケーキみたいな

シーン　ビュービュー　ひらひら　かめのように　たきのように　ケーキみたいな

P.98

ようすを あらわす ことば (3)

② □ に 書きましょう。
① 赤ちゃんが オギャーッ と ないた。→ オギャーッ
② うれしくて うさぎの ように ピョンピョン とびはねた。→ ピョンピョン
③ 強い 風が ふいて、ドアが バターン と しまった。→ バターン

ピョンピョン　オギャーッ　バターン

① つぎの ようすを あらわす ことばは、どんな ようすを あらわして いますか。線で つなぎましょう。
① ブンブン
② ザワザワ
③ ほかほか
④ ニコニコ

さわがしい ようす
あたたかい ようす
わらって いる ようす

ようすを あらわす ことば (4)

② □ に 書きましょう。
① 山田さんは まるで 鳥のように 自由に 空を とべたら 気もち いいだろうなあ。→ 鳥のように
② 犬が まるで かたつむりのように じゅうに 歩く。→ かたつむりのように
③ 魚のように じょうずに およぐ。→ 魚のように

魚のように　鳥のように　かたつむりのように

① つぎの ようすを あらわす ことばは、どんな ようすを あらわして いますか。線で つなぎましょう。
① 火の ように
② ゾウの ように
③ 海の ように
④ ねずみの ように

あつい ようす
小さい ようす
大きい ようす
広い ようす

P.99

まちたんけん (1)

● 下の 絵の 中で、つぎの ものを 見つけたら、その 絵に ○を つけましょう。
① 図書かん　② ゆうびんきょく　③ しょうぼうしょ　④ びょういん　⑤ 交番　⑥ 公園　⑦ えき　⑧ 小学校　⑨ タクシーのりば　⑩ ガソリンスタンド

略

児童に実施させる前に，必ず指導される方が問題を解いてください。本書の解答は，あくまでも1つの例です。指導される方の作られた解答をもとに，本書の解答例を参考に児童の多様な考えに寄り添って○つけをお願いします。

P.100

まちたんけん（2） 名前

● 下の 絵の 中で，つぎの ものを 見つけたら，その 絵に ○を つけましょう。
① 田んぼ ② やく場 ③ トンネル ④ えき ⑤ はし ⑥ ようち園 ⑦ 公みんかん ⑧ ビニールハウス ⑨ すべり台 ⑩ しょうぼうしょ

略

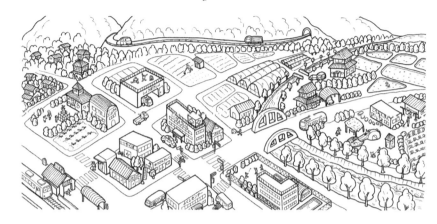

100 （122％に拡大してご使用ください）

P.101

春の 生きものを さがそう（1） 名前

● 公園や にわで，下の 絵のような 生きものを 見つけたら，（ ）に ○を つけて，色を ぬりましょう。

略

アゲハ（ ） アリ（ ） ナナホシテントウ（ ） クモ（ ）

ハサミムシ（ ） カタツムリ（ ） ダンゴムシ（ ） モンシロチョウ（ ）

春の 生きものを さがそう（2） 名前

● 池や 小川で，下の 絵のような 生きものを 見つけたら，（ ）に ○を つけて，色を ぬりましょう。

略

メダカ（ ） コイ（ ） フナ（ ） アメンボ（ ）

トノサマガエルと オタマジャクシ（ ） アカガエルと オタマジャクシ（ ） ヤゴ（ ） アメリカザリガニ（ ）

101 （122％に拡大してご使用ください）

P.102

夏の 生きもの（1） 名前

1 下に かかれて いる 生きものを，木に いる もの，花に いる もの，水べに いる ものに 分けて，下の □に 記ごうで 書きましょう。

⑦ ミツバチ ⑦ クマゼミ ⑦ ザリガニ ① カブトムシ

⑦ アゲハ ⑦ トノサマガエル ⑦ タニシ ② カナブン

木に いる もの	花に いる もの	水べに いる もの
イ，エ，ク	ア，オ	ウ，カ，キ

2 下の 鳥の 絵と 名前を 線で むすびましょう。

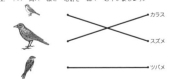

カラス
スズメ
ツバメ

夏の 生きもの（2） 名前

1 つぎの ①〜⑤の 文に 書かれて いる 生きものの 名前を，下の □から えらび，（ ）に 書きましょう。

① 小川に いる 魚で，小さな 体で すばやく およぐ。
（ メダカ ）

② 水の 上を 長い 足で すべるように うごく。
（ アメンボ ）

③ 大きく なると，4本の 足が はえてくる。
（ オタマジャクシ ）

④ 小さい ときは，水の 中に いて，大きく なると トンボに なって 空を とぶ。
（ ヤゴ ）

⑤ 赤い 色の 体で，大きな はさみを もち，池などに いる。
（ アメリカザリガニ ）

メダカ	アメリカザリガニ	オタマジャクシ	ヤゴ	アメンボ

2 ザリガニの かい方に ついて 正しい ものには ○を，まちがって いる ものには ×を つけましょう。

（ ○ ）かくれる ところも つくって あげる。
（ ○ ）えさは，ソーセージや にぼし，食パンなどを やる。
（ × ）えさは，さとうや サンショウの はを やる。
（ ○ ）水そうには，1日 くみおきした 水を 入れる。
（ × ）水そうには，水道から ちょくせつ 水を 入れる。

102 （122％に拡大してご使用ください）

P.103

虫さがし（1） 名前

● 下の 絵は，虫さがしを して 見かけた 虫を カードに かいた ものです。つぎの ①〜③の それぞれの ところに いる 虫を 絵の 中から さがし，（ ）の 中に 虫の 名前を 書きましょう。

セミ カナブン オンブバッタ

モンシロチョウ アメンボ テントウムシ

カマキリ カブトムシ

① 木で 見つかる 虫
（ カナブン）（カブトムシ（ セミ ）

② 花だんや はたけ，草むらで 見つかる 虫
（オンブバッタ）（モンシロチョウ）（テントウムシ）（カマキリ）

③ 水べで 見つかる 虫
（ アメンボ ）

虫さがし（2） 名前

● つぎの ①〜④に あてはまる 虫を，下の □から 1つ えらんで，（ ）に 名前を 書きましょう。

① 草の はを 食べる。
（ トノサマバッタ ）

② 木の しるを すう。
（ カブトムシ ）

③ ほかの 虫を とらえて 食べる。
（ カマキリ ）

④ 花の みつを すう。
（ モンシロチョウ ）

カマキリ	トノサマバッタ	カブトムシ	モンシロチョウ

2 ヤゴの かい方に ついて，考えましょう。

① 下の 絵から ヤゴの すみかを つくるのに つかう ものを 2つ えらび，○を つけましょう。

しお（ ） 水そう（ ○ ） ぼう（ ○ ）

② どんな ものを えさに して かうと よいですか。下から えらび，○を つけましょう。
（ ミズミ ・ キャベツ ・ あめ ）

③ ヤゴは，大きく なると 何と いう 名前の 生きものに なりますか。
（ トンボ ）

103 （122％に拡大してご使用ください）

解答

P.104

いろいろな やさい 名前

● 下の いろいろな やさいの 名前を 下の □ から えらんで（　）に 書きましょう。

① （しいたけ）　② （にんじん）　③ （たまねぎ）
④ （きゅうり）　⑤ （なす）　⑥ （とうもろこし）
⑦ （じゃがいも）　⑧ （キャベツ）　⑨ （はくさい）
⑩ （かぼちゃ）　⑪ （ほうれんそう）　⑫ （だいこん）

とうもろこし　キャベツ　だいこん　はくさい　かぼちゃ　しいたけ
きゅうり　じゃがいも　なす　たまねぎ　にんじん　ほうれんそう

やさいを そだてよう 名前

● ミニトマトの せ話の し方に ついて 考えましょう。

① そだて方の じゅんに １・２・３・４・５・６の 番ごうを 書きましょう。

⑦ うえつける（２）　④ 花が さく（４）　⑦ はたけの じゅんびを する（１）
① 手入れを する（３）　④ しゅうかくする（６）　⑦ みが できる（５）

② そだった ミニトマトに ささえぼうを 立てるとき，どのように すれば よいですか。正しい ものに 〇を つけましょう。

（　）立てる だけで，なえを ひもで むすばなくて よい。
（　）なえと ささえぼうを ひもで かたく むすぶ。
（〇）なえと ささえぼうを ひもで かるく むすぶ。

③ そだった ミニトマトに ささえぼうを 立てるのは，どうして ですか。正しい 方に 〇を つけましょう。

（〇）たおれないように するため。
（　）どれぐらい そだったか，高さを はかるため。

104　（122％に拡大してご使用ください）

P.105

バスや 電車に のろう 名前

① バスに のってから，おりるまでの じゅん番に １・２・３・４の 番ごうを 書きましょう

車に 気を つけて おりる。（５）
おりる ときは ボタンを おして 知らせる。（３）
せい理けんを とって のる。（２）
時こくひょうを しらべる。（１）
お金を はらって おりる。（４）

② 電車に のるとき，どのような じゅん番で のりますか。じゅん番に ２・３・４・５の 番ごうを 書きましょう。

かいさつを 通る。（３）
行き先を たしかめて，時こくひょうを しらべる。（１）
きっぷを 買う。（２）
電車の 中では しずかに する。（６）
線より 下がって ならんで まつ。（４）
おりる 人が ぜんぶ おりたら 電車に のる。（５）

ゆうびんきょくの しごと 名前

● はがきや 手紙は，どのような じゅん番で ポストから みなさんの 家に はこばれるのでしょうか。下の 絵の（　）に １・２・３・４・５・６の 番ごうを 書きましょう。

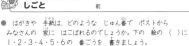

くぶんきで ゆうびんぶつを 地いきごとに 分ける。（３）
ポストから ゆうびんぶつを あつめる。（１）

あて先の 地いきを うけもつ ゆうびんきょくに はこぶ。（４）
家ていに はいたつする。（６）

けしいんを おす。（２）
ゆうびんぶつを，はいたつする じゅんに ならべる。（５）

105　（122％に拡大してご使用ください）

P.106

音あそび（1） 名前

① つぎの がっきのうち，ふって 音を 出す ものに 〇，たたいて 音を 出す ものに ◎，はじいて 音を 出す ものに △，口で ふいて 音を 出す ものに ×を 書きましょう。

① もっきん（◎）　② かんぶえ（×）　③ マラカス（〇）
④ 紙ぶえ（×）　⑤ わゴムギター（△）　⑥ でんでんだいこ（〇）

② のばした わゴムを ゆびで はじきました。わゴムは，どのように 見えましたか。正しい 絵を えらび，（　）に 〇を つけましょう。

① （　）
② （〇）
③ （　）

音あそび（2） 名前

① つぎの 文を 読んで，正しい ものに 〇を，まちがって いる ものに ×を，（　）に 書きましょう。

（〇）たいこを たたいたあと，たいこの かわを 手のひらで おさえると，音は 止まる。
（〇）たいこを 強く たたくと，たいこの かわが 大きく ふるえる。
（〇）トライアングルを たたいて，ゆびで そっと さわると，ふるえて いるのが 分かる。
（×）トライアングルを たたいたあと，ゆびで にぎっても，音は 止まらない。
（〇）トライアングルを たたいたあと，ゆびで つまむと，音は 止まる。

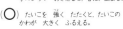
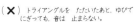

② 糸電話あそびを しました。つぎの やり方で，よく 聞こえる ものには 〇を，聞こえない ものには ×を，（　）に 書きましょう。

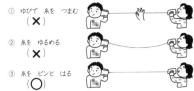

① ゆびで 糸を つまむ（×）
② 糸を ゆるめる（×）
③ 糸を ピンと はる（〇）

106　（122％に拡大してご使用ください）

P.107

うごく おもちゃを つくろう（1） 名前

● つぎのような おもちゃを つくりました。つかった ざいりょうは，⑦〜④の どれですか。線で むすびましょう。

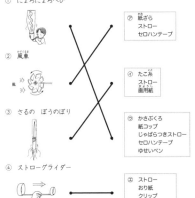

① にょろにょろへび
② 風車
③ さるの ぼうのぼり
④ ストローグライダー

⑦ 紙ざら／ストロー／セロハンテープ
④ たこ糸／ストロー／画用紙
⑦ かさぶくろ／紙コップ／じゃばらつきストロー／セロハンテープ／ゆせいペン
④ ストロー／おり紙／クリップ／セロハンテープ

うごく おもちゃを つくろう（2） 名前

① みの まわりに ある もので 下のような おもちゃを つくりました。

⑦ 空気ほう　④ ストローぶえ　⑦ さかを ころがる おもちゃ
④ わりばしでっぽう　④ さかなつり

① 空気を おし出して あそぶ おもちゃは どれですか（⑦）
② じしゃくを つかって あそぶ おもちゃは どれですか（④）
③ 音の 出る おもちゃは どれですか（④）
④ おもりで うごく おもちゃは どれですか（⑦）
⑤ ゴムを つかった おもちゃは どれですか（④）

② まつぼっくりと 紙コップで けん玉を つくります。どちらの 絵が 正しいですか。〇つけましょう。

（　）　（〇）

107　（122％に拡大してご使用ください）

P.108

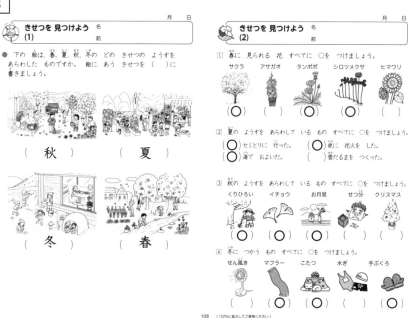

きせつを 見つけよう (1)

● 下の 絵は，春，夏，秋，冬の どの きせつの ようすを あらわした ものですか。絵に あう きせつを ( )に 書きましょう。

(秋)　(夏)

(冬)　(春)

きせつを 見つけよう (2)

① 春に 見られる 花 すべてに ○を つけましょう。

サクラ　アサガオ　タンポポ　シロツメクサ　ヒマワリ
(○)　( )　(○)　(○)　( )

② 夏の ようすを あらわして いる もの すべてに ○を つけましょう。

(○) セミとりに 行った。　( ) 夜に 花火を した。
(○) 海で およいだ。　( ) 雪だるまを つくった。

③ 秋の ようすを あらわして いる もの すべてに ○を つけましょう。

くりひろい　イチョウ　お月見　せつ分　クリスマス
(○)　(○)　(○)　( )　( )

④ 冬に つかう もの すべてに ○を つけましょう。

せん風き　マフラー　こたつ　水ぎ　手ぶくろ
( )　(○)　(○)　( )　(○)

P.109

自分の 体

● 自分の 体の いろいろな ところの 名前を，下の □ から えらんで ( )に 書きましょう。

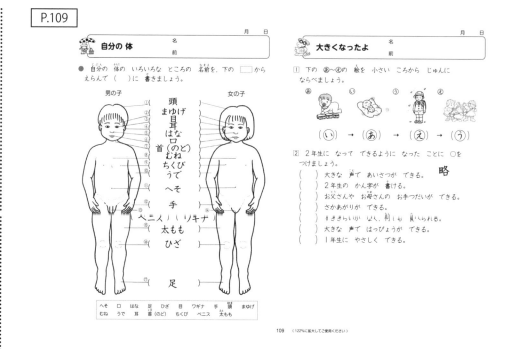

男の子　女の子

頭　まゆげ　目　耳　はな　口(のど)　首　むね　ちくび　うで　へそ　手　ペニス　ワギナ　太もも　ひざ　足

| へそ | 口 | はな | 足 | ひざ | 目 | ワギナ | 手 | 頭 | まゆげ |
| むね | うで | 耳 | 首(のど) | ちくび | ペニス | 太もも | | | |

大きくなったよ

① 下の ⑥～②の 絵を 小さい ころから じゅんに ならべましょう。

(い) → (あ) → (え) → (う)

② 2年生に なって できるように なった ことに ○を つけましょう。

( ) 大きな 声で あいさつが できる。　略
( ) 2年生の かん字が 書ける。
( ) お父さんや お母さんの お手つだいが できる。
( ) さかあがりが できる。
( ) すききらいが なく，何でも 食べられる。
( ) 大きな 声で はっぴょうが できる。
( ) 1年生に やさしく できる。

P.110

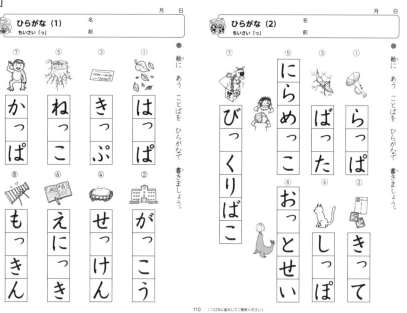

ひらがな (1)　ちいさい「っ」

● 絵に あう ことばを ひらがなで 書きましょう。

① はっぱ
② がっこう
③ きっぷ
④ せっけん
⑤ ねっこ
⑥ えにっき
⑦ かっぱ
⑧ もっきん

ひらがな (2)　ちいさい「っ」

● 絵に あう ことばを ひらがなで 書きましょう。

① らっぱ
② きって
③ ばった
④ しっぽ
⑤ にらめっこ
⑥ おっとせい
⑦ びっくりばこ

P.111

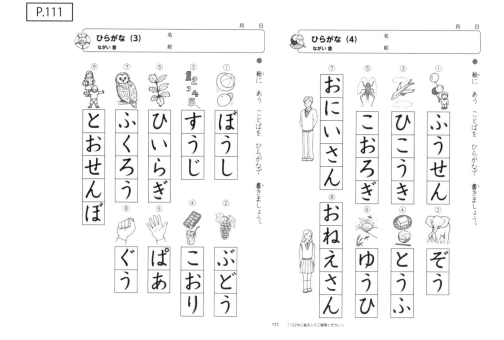

ひらがな (3)　ながい 音

● 絵に あう ことばを ひらがなで 書きましょう。

① ぼうし
② ぶどう
③ すうじ
④ こおり
⑤ ひいらぎ
⑥ ぱあ
⑦ ふくろう
⑧ ぐう
⑨ とおせんぼ

ひらがな (4)　ながい 音

● 絵に あう ことばを ひらがなで 書きましょう。

① ふうせん
② ぞう
③ ひこうき
④ とうひ
⑤ こおろぎ
⑥ ゆうひ
⑦ おにいさん
⑧ おねえさん

P.112

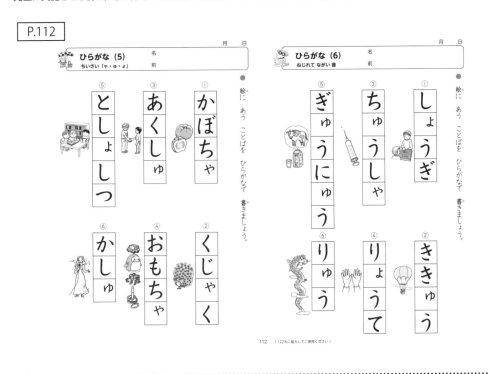

P.113

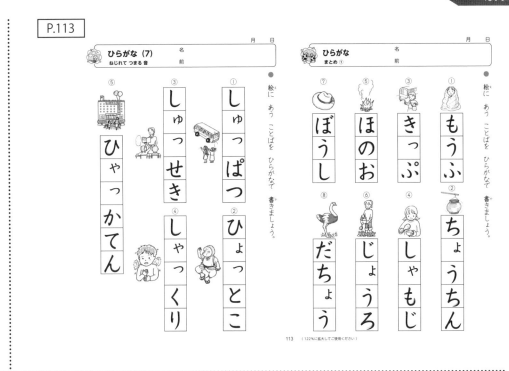

P.114

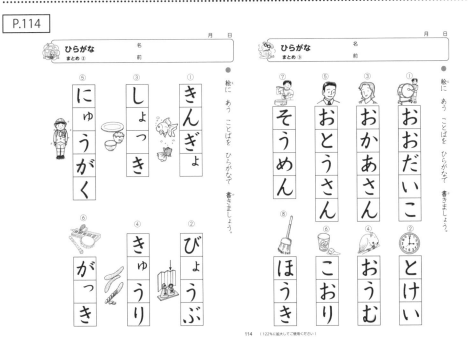

P.115

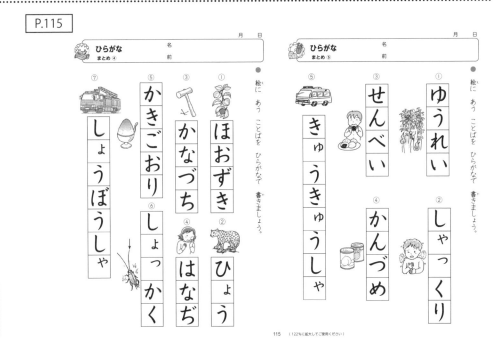

P.116

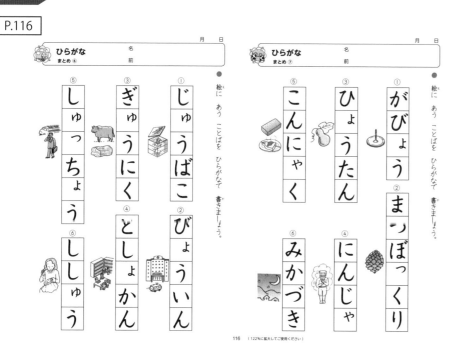

ひらがな　まとめ⑥　名前

絵に あう ことばを ひらがなで 書きましょう。

① じゅうばこ
③ ぎゅうにく
⑤ しゅっちょう
④ としょかん
② びょういん
⑥ ししゅう

ひらがな　まとめ⑦　名前

絵に あう ことばを ひらがなで 書きましょう。

① がびょう
③ ひょうたん
⑤ こんにゃく
② まっくり
④ にんじゃ
⑥ みかづき

P.117

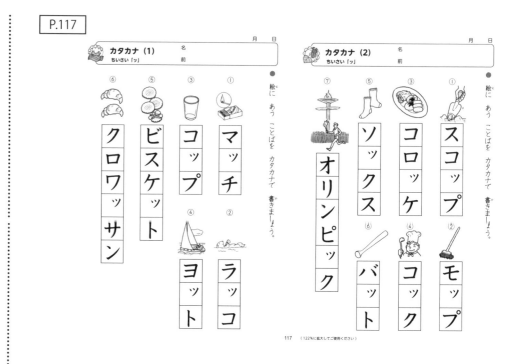

カタカナ（1）　ちいさい「ッ」　名前

絵に あう ことばを カタカナで 書きましょう。

① マッチ
③ コップ
⑤ ビスケット
⑥ クロワッサン
④ ヨット
② ラッコ

カタカナ（2）　ちいさい「ッ」　名前

絵に あう ことばを カタカナで 書きましょう。

① スコップ
③ コロッケ
⑤ ソックス
⑦ オリンピック
⑥ バット
④ コック
② モップ

P.118

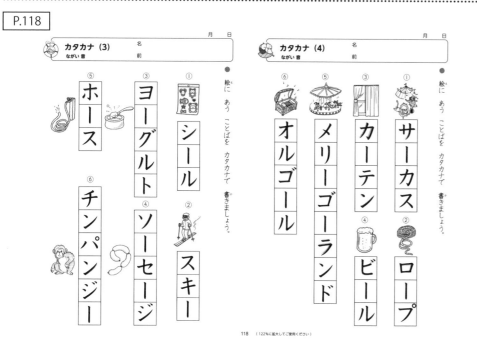

カタカナ（3）　ながい音　名前

絵に あう ことばを カタカナで 書きましょう。

① シール
③ ヨーグルト
⑤ ホース
⑥ チンパンジー
④ ソーセージ
② スキー

カタカナ（4）　ながい音　名前

絵に あう ことばを カタカナで 書きましょう。

① サーカス
③ カーテン
⑤ メリーゴーランド
⑥ オルゴール
④ ビール
② ロープ

P.119

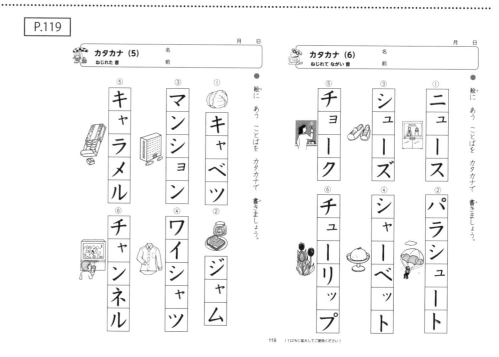

カタカナ（5）　ねじれた音　名前

絵に あう ことばを カタカナで 書きましょう。

① キャベツ
③ マンション
⑤ キャラメル
⑥ チャンネル
④ ワイシャツ
② ジャム

カタカナ（6）　ねじれて ながい音　名前

絵に あう ことばを カタカナで 書きましょう。

① ニュース
③ シューズ
⑤ チョーク
⑥ チューリップ
④ シャーベット
② パラシュート

P.120

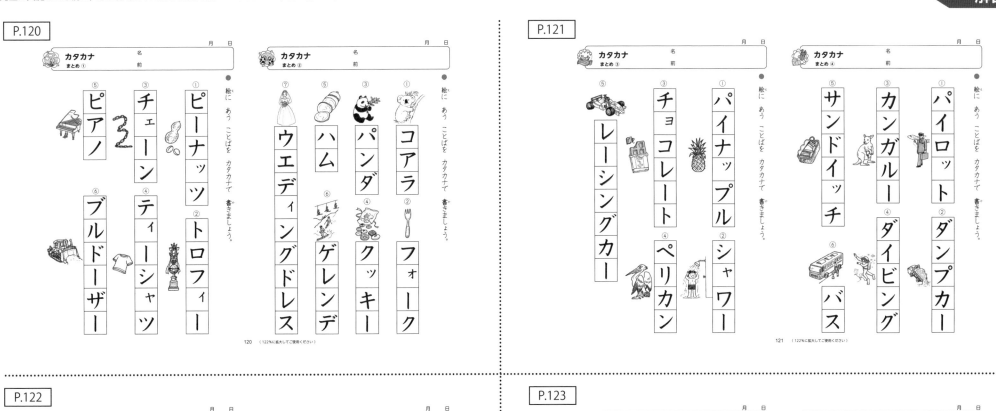

カタカナ まとめ①　名前　月　日

絵に あう ことばを カタカナで 書きましょう。

① コアラ
② フォーク
③ チェーン
④ ティーシャツ
⑤ ピアノ
⑥ ブルドーザー
① ピーナッツ
② トロフィー

カタカナ まとめ②　名前　月　日

絵に あう ことばを カタカナで 書きましょう。

① コアラ
③ パンダ
④ クッキー
⑤ ハム
⑥ ゲレンデ
⑦ ウエディングドレス

P.121

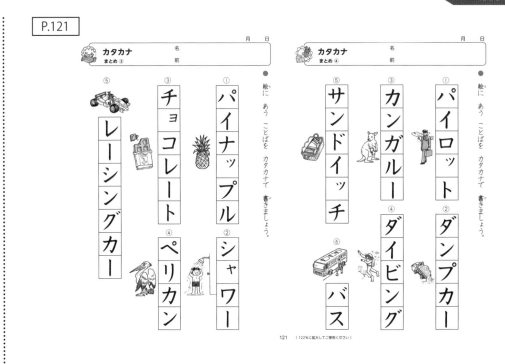

カタカナ まとめ③　名前　月　日

絵に あう ことばを カタカナで 書きましょう。

① パイナップル
② シャワー
③ チョコレート
④ ペリカン
⑤ レーシングカー

カタカナ まとめ④　名前　月　日

絵に あう ことばを カタカナで 書きましょう。

① パイロット
② ダンプカー
③ カンガルー
④ ダイビング
⑤ サンドイッチ
⑥ バス

P.122

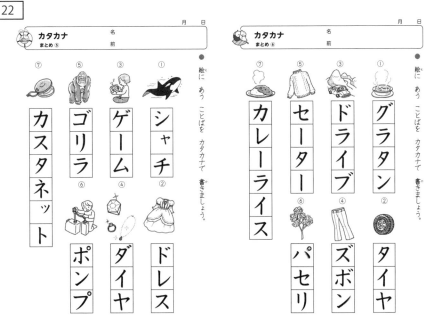

カタカナ まとめ⑤　名前　月　日

絵に あう ことばを カタカナで 書きましょう。

① シャチ
② ドレス
③ ゲーム
④ ダイヤ
⑤ ゴリラ
⑥ ポンプ
⑦ カスタネット

カタカナ まとめ⑥　名前　月　日

絵に あう ことばを カタカナで 書きましょう。

① グラタン
② タイヤ
③ ドライブ
④ ズボン
⑤ セーター
⑥ パセリ
⑦ カレーライス

P.123

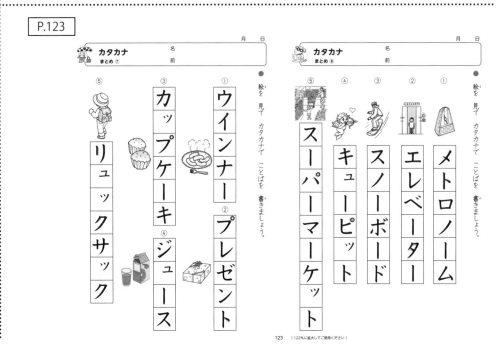

カタカナ まとめ⑦　名前　月　日

絵を 見て カタカナで ことばを 書きましょう。

① ウインナー
② プレゼント
③ カップケーキ
④ ジュース
⑤ リュックサック

カタカナ まとめ⑧　名前　月　日

絵を 見て カタカナで ことばを 書きましょう。

① メトロノーム
② エレベーター
③ スノーボード
④ キューピット
⑤ スーパーマーケット

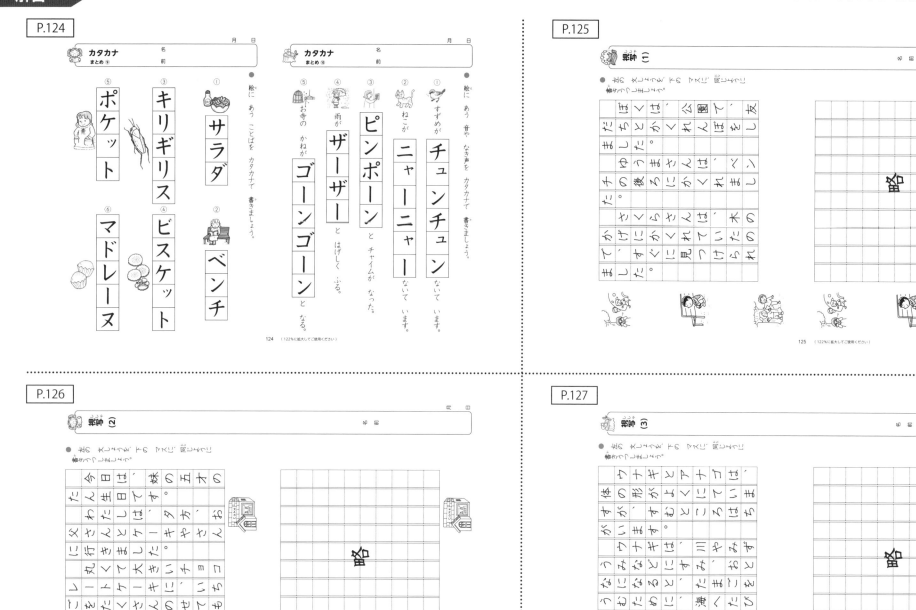

P.124

カタカナ まとめ⑨

絵に あう ことばを カタカナで 書きましょう。

⑤ ポケット
③ キリギリス
① サラダ
⑥ マドレーヌ
④ ビスケット
② ベンチ

カタカナ まとめ⑩

絵に あう 音や なき声を カタカナで 書きましょう。

⑤ お寺の かねが ゴーンゴーン と なる。
④ 雨が ザーザー と はげしく ふる。
③ ピンポーン と チャイムが なった。
② ねこが ニャーニャー ないて います。
① すずめが チュンチュン ないて います。

124 （122％に拡大してご使用ください）

P.125

視写(1)

● 右の 文しょうを 下の ますに 書きうつし ましょう。

ぼくと たくやくんは、公園で、友だちの ゆうまくんと、後ろに かくれました。かけるくんは、木のかげに かくれて 見つからない ように すぐに かくれました。

留

125 （122％に拡大してご使用ください）

P.126

視写(2)

● 右の 文しょうを 下の ますに 書きうつし ましょう。

今日は、妹の 五才の たんじょう日 です。夕方、お父さんに 行きました。そして、大きな ヨコ ケーキを 一つと、ロールケーキも 五本 つけて もらい ましたけど、もらった けど、五本もらいました。

留

126 （122％に拡大してご使用ください）

P.127

視写(3)

● 右の 文しょうを 下の ますに 書きうつし ましょう。

ウナギと アナゴは、体の 形が よく にて いますが、ウナギは、三かみずうなごに なると、海を くだりに なることだまりを、海に 出ます。アナゴは、一生、海で アナコは、一生、海で くらします。

留

127 （122％に拡大してご使用ください）

コピーしてすぐ使える
まるごと宿題プリント　2年

2022 年 3 月 10 日　　第 1 刷発行

執 筆 協 力 者 ：　新川 雄也・中村 幸成　他
イ ラ ス ト ：　山口 亜耶　他
企 画 ・ 編 著：　原田 善造・あおい えむ・今井 はじめ・さくら りこ・
　　　　　　　　　ほしの ひかり・堀越 じゅん（他 5 名）
編 集 担 当 ：　川瀬 佳世

発 　 行 　 者 ：　岸本 なおこ
発 　 行 　 所 ：　喜楽研（わかる喜び学ぶ楽しさを創造する教育研究所：略称）
　　　　　　　　　〒604-0827　京都府京都市中京区高倉通二条下ル瓦町 543-1
　　　　　　　　　TEL　075-213-7701　FAX　075-213-7706
　　　　　　　　　HP　https://www.kirakuken.co.jp
印 　 　 　 刷 ：　株式会社米谷

ISBN:978-4-86277-342-5

喜楽研 WEB サイト
書籍の最新情報（正誤表含む）は
喜楽研 WEB サイトをご覧下さい。

学校現場では，本書ワークシートをコピー・印刷して児童に配布できます。
学習する児童の実態にあわせて，拡大してお使い下さい。

※教育目的や私的使用の範囲を超えた印刷・複製は著作権侵害にあたりますので，絶対にお止めください。
　著作権侵害が明らかになった場合，弊社は速やかに法的措置をとらせていただきます。

Printed in Japan

喜楽研の5分・教科書プリントシリーズ

朝学習 家庭学習 宿題 復習 個別支援 に毎日使える

コピーしてすぐ使える
5分 算数 教科書プリント
1年〜6年
本体 各1,950円＋税　★P96〜P112　★B4判

5分 国語 教科書プリント 1年〜6年
光村図書教科書の教材より抜粋
本体 各2,200円＋税　★P96　★B4判

5分 国語 教科書プリント 1年〜6年
東京書籍・教育出版教科書の教材より抜粋
本体 各2,200円＋税　★P96　★B4判

コピーしてすぐ使える
5分 理科 教科書プリント
3年〜6年
本体 各1,950円＋税　★P96　★B4判

コピーしてすぐ使える
5分 社会 教科書プリント
3・4年, 5年, 6年
本体 各1,950円＋税　★P96　★B4判

発行
発売 **喜楽研** （わかる喜び学ぶ楽しさを創造する教育研究所：略称）
TEL:075-213-7701　FAX:075-213-7706
〒604-0827　京都府京都市中京区高倉通二条下ル瓦町543-1